MANIPULATIONS-TECHNIKEN ERKENNEN, ANWENDEN & ABWEHREN

Die geheime Methode Menschen zu lesen. Durch Körpersprache, Rhetorik, Gestik & Co manipulieren lernen. Manipulation Mensch für Anfänger & Profis

2. Auflage

Inhaltsverzeichnis

Einleitung

Manipulieren ist ein heikles Thema, das viel diskutiert wird und uns schnell unwohl fühlen lässt. Deshalb schreibe ich dieses Buch, um das Thema etwas genauer unter die Lupe zu nehmen.

Wir schreiben nicht nur, um zu schreiben, wir reden nicht nur, um zu reden. Wir haben normalerweise mit unserer Kommunikation ein Anliegen. Wir wollen, dass der andere etwas tut. Ist das schon Manipulation? Und ist das dann richtig?

Diese Fragen kommen auf, weil uns nicht immer klar ist, was der Unterschied zwischen Einfluss und Manipulation ist. Oder wann sie negativ oder positiv gebraucht werden.

Im engsten Sinne des Wortes manipuliert jeder jeden. Unsere Eltern manipulierten uns, damit gute Menschen aus uns wurden. Unsere Lehrer, damit wir lesen und schreiben (und all das andere) lernten. Der Polizist an der Straßenkreuzung manipuliert uns, damit wir anhalten und nicht die Fußgänger überfahren. Unser ganzes Zusammenleben als Gesellschaft besteht aus einer einzigen und ständigen Manipulation.

Die Frage ist daher nicht, ob wir manipulieren, sondern mit welcher Intention wir das tun. Ist unsere Zielsetzung dem anderen gegenüber eine gute oder eine schlechte?

Und in diesem Sinne: Auch ich möchte dich mit diesem Buch beeinflussen. Und zwar in der Hinsicht, dass du dich mit dem Thema Manipulation mehr auseinandersetzt und es besser verstehst. Ich hoffe, es hilft dir in deinem Leben.

Teil I. Wissenswertes zur Manipulation

Was ist Manipulation?

Der Begriff Manipulation hat im Allgemeinen verschiedene Bedeutungen. In diesem Buch werden wir auf die beabsichtige, versteckte oder offene Einflussnahme anderer Menschen eingehen, aber auch auf die Beeinflussung mit positiver Absicht.

Der Oberbegriff Beeinflussung kann also sowohl eine positive wie auch eine negative Bedeutung haben.

Wenn er positiv gebraucht wird, können wir auch sagen, du sagst einem anderen Menschen, was er tun soll und er handelt dementsprechend. Es ist eine Art von Inspiration.

Die negative Bedeutung der Beeinflussung ist die Manipulation. Hier handelst du so, dass der andere tun muss, was du willst. Du lässt ihm keine andere Wahl, auch wenn er sie in Wirklichkeit hätte.

Ein einfaches Beispiel: Wenn die Frau dem Mann noch abends spät sein Lieblingsgericht kocht, weil sie weiß, dass er sonst verärgert ist und sie Angst hat, dass er sie sonst verlässt, dann ist das Manipulation. Wenn sie das gleiche Essen aber kocht, weil sie ihren Mann liebt und ihn gerne glücklich macht, dann ist das keine Manipulation. Die Situation ist die gleiche, die Beweggründe sind verschieden.

Wortherkunft und -bedeutung

Das Wort Manipulation kommt aus dem Lateinischen und ist eine Zusammensetzung aus zwei Wörtern. *Manus* für Hand und *plere* für füllen. Wörtlich bedeutet es also, eine Handvoll (Hand voll) haben oder mit etwas die Hand füllen.

Daraus entstand dann der Handgriff (= Kunstgriff) und die Handhabung im Deutschen.

Der Begriff Manipulation wird in der Technik, in der Psychologie, Soziologie und Politik, aber auch in der Medizin verwendet.

In der Technik bezeichnet er das mehr oder weniger direkte Eingreifen des Menschen in einen Vorgang.

In der Psychologie, Soziologie und Politik wird er für die Einflussnahme auf Personen oder Gruppen verwendet, die versteckt stattfinden soll (z. B, Propaganda).

In der Medizin wird die Manipulation als manueller Eingriff verstanden, um Blockaden zu lösen, Muskeln zu stärken und andere heilsame Veränderungen zu fördern.

*

Vor gut zwei Jahrhunderten wurde der Begriff Manipulation noch ausschließlich für den Magnetismus verwandt[1]. Hundert Jahre später bekam er dann die Bedeutung des kunstgerechten Gebrauchs der Hände und eines Geschäftskniffes[2]. Erst 1985 wird die Definition der Manipulation erweitert auf das Lenken und Beeinflussen eines Menschen in eine gewünschte Richtung[3].

Arten der Einflussnahme

Die Wahl der Mittel – gezielte und verdeckte Täuschung

Die psychologische Manipulation ist, kurz gesagt, die Beeinflussung anderer durch verschiedene Techniken, mit dem Ziel, die Wahrnehmung, Entscheidungen und das Verhalten der anderen zu steuern und so auf ihre Kosten Macht, Kontrolle, Vorteile oder Privilegien zu erhalten. Diese Manipulation findet meist unterschwellig, also für das Opfer unbewusst, statt. Der Manipulator schafft ein Ungleichgewicht der Machtverteilung. Die manipulierte Person handelt nicht mehr gemäß ihren eigenen Einsichten, ist also eine Marionette des Manipulators.

Positives Beeinflussen

Von dieser psychologischen Manipulation sollten wir die gesunde Einflussnahme abgrenzen, die zwischen fast allen Personen stattfindet und Teil des Nehmens und Gebens in einer gesunden Beziehung ist. Dieses Beeinflussen nennen wir normalerweise Überreden oder Überzeugen.

Die positive Art von Beeinflussung kann aber auch direkt gewählt werden, wenn wir einen Menschen als Vorbild nehmen und uns an ihm orientieren.

Ist Manipulation gut oder schlecht?

Wenn du Menschen fragst, ob es verwerflich ist, andere zu manipulieren, werden die meisten wahrscheinlich sagen, dass es unmoralisch und schlecht ist, denn man beeinflusst die Gedanken und Gefühle der anderen, damit sie etwas tun.

Du wirst fragen, warum du so etwas tun solltest. So jemand kann doch kein guter Mensch sein. Und wahrscheinlich wirst du auch sagen, dass du dich nie von jemand manipulieren lassen wirst.

Aber Manipulation ist nicht gut oder schlecht. Sie existiert einfach. Die Frage ist, wie du sie verwendest. In deinem täglichen Leben wirst du ständig manipuliert, von deinen Mitmenschen, von den Medien und der Werbung. Die Menschen manipulieren dich meist unbewusst, die Werbung und die Medien allerding sehr bewusst. Und du manipulierst andere Menschen auch, ohne dir dessen meistens bewusst zu sein. Das heißt aber nicht, dass du es nicht mit Absicht tust. Du erkennst es nur nicht als eine Manipulationstaktik. Du versuchst zum Beispiel, einen Freund zu überzeugen, das Rauchen aufzugeben. Ist das schlecht? Du hast bestimmt die besten Absichten, und dein Freund hat weiterhin die Möglichkeit, zu entscheiden, ob er das tun will oder nicht.

Wenn wir aber die Rechte und Interessen der anderen Menschen beeinträchtigen oder verletzen und wir sie etwas tun lassen, was sie normalerweise nicht machen würden, dann wird Manipulation als etwas Schlechtes und Unmoralisches verstanden. Diese Art von Manipulation sollte nur sehr sparsam oder gar nicht eingesetzt werden.

Im Geschäftsleben wird jedoch genau diese Art der Beeinflussung viel verwendet, um finanzielle und Machtvorteile zu erhalten.

In diesem Buch erhältst du eine komplette Anweisung, wie du andere positiv beeinflussen kannst, aber auch wie du negative Manipulation erkennen und abwehren kannst.

Wir nutzen alle tagtäglich Manipulationstechniken …

Im Grunde genommen verwenden wir alle ständig Manipulation und werden auch konstant manipuliert. Dies geschieht auf verschiedene Art und Weise und mit unterschiedlicher Intensität. Schon, wenn wir uns einfach unterhalten, erwarten wir, dass der andere uns zuhört. Dies ist bereits für viele eine leichte Art von Manipulation. Wir gestalten unser Gespräch so, dass der andere Interesse hat, uns zuzuhören. Aber der andere hat immer die freie Wahl, zuzuhören oder nicht. Er akzeptiert also die Manipulation, wenn er zuhört, oder er weist sie zurück, wenn er nicht zuhört.

… und werden ständig manipuliert

Ein anderes Beispiel ist unser Konsumverhalten. Die meisten Menschen zeigen ein ausgeprägtes Konsumverhalten. Das ist so aufgrund einer weiteren Manipulation der Medien und Werbung, die uns aber schon gar nicht mehr bewusst ist. Stört uns das? Die meisten nicht. Sie kaufen gerne ein. Ist diese Manipulation schlecht? Wahrscheinlich, da wir nicht mehr wirklich selbst entscheiden. Die Werbung bewirkt dabei nur einen Teil, die „Gehirnwäsche", dass wir alle paar Jahre ein neues Auto haben müssen, einen anderen. Aber auch die einfache Anordnung der Produkte im Supermarkt ist bestens durchdacht, damit wir, ohne viel nachzudenken, einfach kaufen.

Denk einmal an die Süßigkeiten, die auf dem Weg zur Kasse liegen. Gerade passend, um sie einfach nur noch kurz in der Einkaufswagen zu legen oder den Kindern zu geben, wenn sie gelangweilt quengeln. Hat uns da jemand überrumpelt? Nein.

Was zählt, ist also die Wahl der Mittel. Wenn sie zur Täuschung ausgelegt sind und unsere Handlungsfreiheit beeinträchtigen, werden sie zu negativen Manipulationstechniken. Du wirst dich unwohl fühlen und fühlst dich als Opfer. Wichtig ist hier, gut informiert zu sein, um nicht in die Falle des Machtmissbrauchs zu geraten.

Die Geschichte der Manipulation

Die Manipulation ist so alt wie die Menschheit, das hast du bestimmt bis hierher schon verstanden.

Ein bekanntes Beispiel für die Manipulation ist der italienische Renaissance-Philosoph Niccolò Machiavelli[4], der im 15. und 16. Jahrhundert die Manipulation als Täuschung in der italienischen Politik anwendete, um die unfähigen und egoistischen Politiker wieder in verantwortungsvolle Staatsbürger zu verwandeln. Dies war sicher ein Anliegen, das zu jener Zeit zum Wohle des italienischen Staates diente, aber auch heute noch das Bestreben vieler ist. Und sie verwenden die Täuschung und Lügen auch heute noch fleißig für jeden Wahlkampf, allerdings normalerweise zum Selbstzweck.

Heutzutage wird die gesteuerte Manipulation auch sehr bewusst in der Werbung eingesetzt, oft auch, um Produkte wie Tabak und Alkohol sozial akzeptabler zu machen, obwohl wir wissen, dass sie gesundheitsschädlich sind[5].

Wie funktioniert Manipulation?

Einfach gesagt, wirst du zu Entscheidungen verleitet, die du wahrscheinlich auf freiwilliger Basis nicht getroffen hättest. Ob du sie nachher bereust oder nicht, ist eine zweite Sache, die von dem Sachverhalt abhängt.

- Beim Kauf eines neuen Hauses, von dem du begeistert bist, erwähnt der Makler nicht, dass die Gegend schon öfter Probleme mit Überschwemmungen hatte.
- Du möchtest am Sonntag etwas Ruhe haben, aber deine Kinder wollen Drachen steigen lassen und du sollst helfen. „Papi, niemand macht so gute Drachen wie du. Du musst uns unbedingt helfen."

Jeder benutzt das eine oder andere Mal manipulative Mittel, um seine Ideen durchzusetzen.

Die Kinder sind da die besten Beispiele. Wenn sie nicht bekommen, was sie wollen, brechen sie in Tränen aus, bekommen mitten im Einkaufszentrum einen Wutanfall, können so schön schmeicheln oder sich plötzlich ganz vorbildlich benehmen, ... Als Kinder lernen wir viele dieser Techniken, erkennen ihren Nutzen und wenden sie auch später im Leben noch weiter an, dann aber meist ganz unbewusst.

Andere lernen neue Manipulationstechniken, um sie gezielt und bewusst bei ihren Mitmenschen anzuwenden und einen Vorteil zu erhalten. Oft ist es diesen Menschen egal, ob sie ihre Mitmenschen schädigen oder als Freunde oder Partner verlieren, denn der Geschädigte durchschaut irgendwann das Spiel und beendet es dann hoffentlich.

Das Unfaire an der Manipulation ist, dass du nur noch automatisch reagierst, also gar nicht mehr darüber nachdenkst, was eigentlich passiert. Sie funktioniert also im Unbewussten. Der Manipulator hat dich dafür erst eingehend studiert, um zu wissen, auf welche Taktiken du am besten ansprichst. Es ist also wichtig, dass du wieder der Herr der Situation wirst.

Warum man Manipulationstechniken lernen sollte

Alle Menschen verwenden Manipulation im Alltagsleben. Die einen mehr, die anderen weniger, aber wir wollen alle etwas erreichen, und verwenden daher einige der im folgenden beschriebenen Techniken, auch wenn wir uns bisher nicht bewusst waren, dass es sich dabei um Manipulation handelt.

Jeder manipuliert jeden, und wir manipulieren uns auch selbst, um etwas zu erreichen.

Du möchtest bei deiner Arbeit eine Gehaltserhöhung haben. Du versuchst, einen neuen Kunden für deine Firma zu bekommen. Du willst deinen Partner überzeugen, dass er mehr Zeit für dich hat. Du versuchst, deine Kinder zu überzeugen, dass sie zum Zahnarzt gehen oder dir helfen, den Tisch abzuräumen. Oder, oder, oder... Ist das schlecht oder unmoralisch? Nein! Natürlich nicht. Darum solltest du wissen, wie du es am besten anstellst.

Auf der anderen Seite ist es aber auch sehr wichtig, die Manipulationstaktiken der Psychopathen kennenzulernen, also der Personen, die nur darauf abzielen, ihren eigenen Vorteil zu erzielen, ohne Rücksicht auf Verluste und ohne Empathie. Du wirst dich wundern, welche Taktiken von ihnen alle angewandt werden. Bestimmt hast du gedacht, dass einige dieser Vorgehensweisen ehrlich waren. Lass dich im Teil III davon überraschen, was alles gut eingesetzte Manipulationstechniken sind. Wenn du nicht weißt, wie Manipulatoren vorgehen, kannst du dich nicht dagegen wehren.

Es gilt also: Der einzige Schutz gegen Manipulation ist, zu wissen, wie sie funktioniert.

Wo wird Manipulation im Alltagsleben angewandt?

Wie du nun bereits gesehen hast, ist die Manipulation ein fester Bestandteil unseres alltäglichen Lebens. Wir alle verwenden Manipulation auf die eine oder andere Art und werden ständig manipuliert. Das kann

- in jeder Art von Beziehung sein (Familie, Freunde, Lebenspartner, Eltern, Kinder),
- in der Arbeitswelt,
- in der Werbung und bei Geschäften,
- für eine erfolgreiche Gesprächsführung
- aber auch als unmoralische Manipulation, mit dem Ziel der vorsätzlichen Täuschung, um einen Vorteil, Kontrolle oder mehr Macht zu erhalten.

*

Im folgenden Teil des Buches werde ich zuerst auf die Anwendung gewisser Manipulationstechniken eingehen, um dir danach zu zeigen, wie du bösartige Manipulationstaktiken erkennen und abwehren kannst.

Teil II. Manipulation anwenden

Beginnen wir mit diesem Teil, da du wahrscheinlich die Magie dieser Technik zunächst einmal lernen willst. Um sie perfekt zu beherrschen (und zu erkennen), bedarf es mehrerer Schritte, und es ist wichtig, dass du sie alle beherrscht.

Beginnen wir mit ...

A. Die Grundlagen

Du hast also vor, Manipulationstechniken in deinem täglichen Leben anzuwenden. Dazu ist es notwendig, dass du zunächst einmal einige wichtige und grundlegende Fähigkeiten entwickelst, die jeder Manipulator benötigt, um Einfluss auf andere Menschen zu nehmen. Aber nicht nur jeder Manipulator, nein, eigentlich sollte sie jeder Mensch beherrschen, um seine Ideen durchzusetzen und überzeugen zu können.

Beginnen wir also mit den *Basics* der Perfektionierung deiner Manipulationsfähigkeiten. Wir können sie in drei große Gruppen einteilen:

1. Du solltest vor den Menschen, die du manipulieren willst, ein attraktives Äußeres zeigen.
2. Du solltest über großartige, verbale Kommunikationsfähigkeiten verfügen, um andere beeinflussen zu können.

3. Achte auch auf die Körpersprache, deine eigene und die der anderen. Diese nonverbale Kommunikation sagt mehr aus als die verbale.
4. Und, nachdem du die ersten drei Punkte gemeistert hast, solltest du mehr über Psychologie und Neurowissenschaften lernen, um zu verstehen, wie andere funktionieren, und um sie beeinflussen zu können.

Hier bekommst du eine Liste der Dinge, die du beherrschen solltest, wenn du beabsichtigst, andere zu manipulieren. Vielleicht erscheinen dir einige logisch, aber besser weise ich noch einmal darauf hin.

1. Unser Äußeres

Aussehen

Wenn du Einfluss auf andere ausüben willst, solltest du gut aussehen. Vielleicht sagst du nun, dass dies eher eine genetische Frage ist, aber lass dir versichert sein, dass du viel dazu beitragen kannst, wie andere Menschen dich sehen.

Was bedeutet das konkret?

GRUNDLEGENDE HYGIENE

Dies ist wirklich absolut grundlegend und vital. Niemand fühlt sich von jemandem angezogen, der schlecht riecht oder schmutzig aussieht. Das ist tief in unserem Unterbewusstsein verankert und liegt daran, dass es im Laufe der Menschengeschichte sicherer war, mit sauberen Menschen Kontakt aufzunehmen, da sie wahrscheinlich weniger Krankheitserreger verbreiten würden. Wir ziehen auch heute noch saubere und gutriechende Menschen vor.

Es ist einfach, diesen Punkt zu erfüllen: Dusche dich regelmäßig, putze dir die Zähne, verwende ein Deo und ein angenehmes Parfüm, aber beides bitte, ohne zu übertreiben. Sonst vertreibst du die Menschen um dich herum. Und zieh saubere Kleidung an.

EIN PASSENDER HAARSCHNITT

Dies ist eines deiner Details, auf das dein Gegenüber achten wird. All deine Versuche, gut auszusehen, sind umsonst, wenn dein Haarschnitt schlecht ist oder nicht zu dir passt. Leider ist es traurig, zu sehen, wie viele Menschen dies ignorieren. Ein schlechter Haarschnitt kann dein ganzes *Outfit* ruinieren.

Versuche, immer gut frisiert zu sein und einen Haarschnitt zu haben, der zu dir passt. Nicht alles, was gerade *in* ist, sieht auch bei jedem gut aus. Das Gleiche gilt auch für die Haarfarbe. Im Notfalle sollte man den Frisör wechseln, auch wenn es etwas teurer wird. Es lohnt sich nicht, hier zu sparen.

SCHÖNE, SAUBERE UND PASSENDE KLEIDUNG

Versuche nicht, „auf Teufel komm raus" mit der Mode zu gehen. Stattdessen ist es besser, sich klassisch zu kleiden. So kann man nichts falsch machen. Wer Neues ausprobieren will, sollte sicher sein, wie er darin aussieht, wenn er überzeugen will. Wenn dein *Outfit* nicht zur Gelegenheit oder zu dir passt, wird die Aufmerksamkeit des Gegenübers auf diesem Aspekt ruhen, der ihm negativ auffällt, und nicht auf dem, was du sagst. Du wirst es schwer haben, jemand so zu etwas zu bewegen.

*

Warum ist das Aussehen nun so wichtig?

Dein Aussehen ist eines der Dinge, die dein Gegenüber als ersten Eindruck registriert, und zwar findet dieser erste Eindruck meist auf unbewusstem Niveau statt. Es ist also unser Gehirn, das hier reagiert und zuordnet, und das in weniger als einer Sekunde. Einige Beispiele:

- Attraktive Menschen werden normalerweise als kompetenter eingestuft als andere (ohne dass wir etwas über sie wissen).
- Brillenträger werden häufig für intelligenter und intellektueller betrachtet.
- Dicke Menschen werden oft für gutmütig, aber auch für langsam empfunden.

Wir haben also schon auf Grund des ersten Eindrucks eine feste Vorstellung von der Person, die wir kennenlernen. Ob es uns gefällt oder nicht, die menschliche Natur ist leider etwas oberflächlich. Wenn wir schlau sind, machen wir uns dies zu Nutze und präsentieren uns so gut wie nur eben möglich. Es ist einfacher, die Menschen für uns zu gewinnen und schon vom ersten Augenblick an zu manipulieren, wenn wir uns um unser gutes Aussehen bemühen. Gut aussehende Menschen haben es also im tagtäglichen Umgang leichter, aber ihre Ausstrahlung ist nicht alles. Sie müssen an ihrem Aussehen arbeiten. Eine gesunde Ernährung, Bewegung oder Sport, Körperpflege und eine positive Einstellung bewirken nicht nur, dass andere sie attraktiver und positiver finden, sondern auch, dass sie sich selbst besser fühlen. Das ist das Geheimnis.

2. Verbale Kommunikation lernen

Dieses Thema ist für jeden Bereich unseres Lebens wichtig, und wir sollten es alle beherrschen. Die effektive Anwendung der Kommunikation hat also nicht einen negativen Anstrich als nur eine Manipulationstechnik. Sie ist eine grundlegende Fähigkeit unseres Zusammenlebens.

Verbessere deine Kommunikation

Es geht also darum, deine verbale Kommunikation zu verbessern, damit du dich klar und geschickt ausdrückst, um andere zu überzeugen. Dafür gibt es verschiedene Möglichkeiten. Hier werde ich auf einige eingehen, damit du eine Idee bekommst.

LESEN

Lesen ist eine gute Übung, um deinen Wortschatz zu erweitern und deine Ausdrucksweise zu verbessern. Im Prinzip kannst du Texte oder Bücher zu jedem Thema lesen, solange sie anspruchsvolles Material sind. Es sollten also keine Texte mit Grundschulniveau sein. Des Weiteren hat das Lesen den Vorteil, dass es dein Wissen zu verschiedenen Themen erweitert, sodass du immer Gesprächsmaterial hast, wenn du dich mit jemandem unterhältst. Du kannst dir natürlich aussuchen, zu welchen Themen du lesen willst (Romane, Fachtexte, aktuelle Texte, usw.), und welches deine Quellen sind. Lese also, soviel du kannst.

SCHREIBEN

Eine andere gute Übung, um deinen Stil zu verbessern, ist zu schreiben. Setze dich in Ruhe hin und schreibe über ein bestimmtes Thema, das du selbst bestimmst. Stelle dir vor, du schreibst es für einen anderen, zum Beispiel, um ihn zu überzeugen oder ihm etwas zu erklären. Versuche, die richtige Wortwahl zu finden und feile an deinem Text, bis er dir verständlich und schlagkräftig erscheint. Diese Methode ist aktiver als das Lesen.

SPRECHÜBUNGEN

Nun beginne mit dem Sprechen. Zuerst sollte es für dich alleine sein. Wenn du jemand von etwas überzeugen willst, kannst du das erst für dich üben. Stelle dich vor den Spiegel und tu so, als ob du mit dem anderen sprichst. Beobachte dich dabei. Vielleicht fällt dir etwas auf, das dir nicht gefällt. Jetzt hast du Zeit und die Gelegenheit, es zu ändern. Sprich vor dem Spiegel über das Thema, über das du nachher mit deinem Opponenten sprechen willst. So ist die Unterhaltung nicht mehr neu für dich. Auch, wenn sie natürlich nicht identisch verlaufen wird, bist du schon vorbereitet.

STIMME UND TON

Nicht nur, was du sagst, ist wichtig, sondern auch, wie du es sagst. Verwende deine Stimme, um dem, was du sagst, Nachdruck zu verleihen. Nimm dazu auf, was du sagst, und höre es dir mehrmals an. Korrigiere, was dir nicht gefällt. Du solltest weder zu leise noch zu laut und auch nicht monoton sprechen. Deine Aussprache sollte klar sein. Nur so kannst du es erreichen, den anderen zu manipulieren.

BUCHE EINEN REDECOACH ODER EIN RHETORIKSEMINAR

Wenn du deine rhetorischen Fähigkeiten verbessern willst, bietet es sich an, dass du einige Unterrichtsstunden nimmst, um besser zu debattieren. Dabei lernst du nicht nur, dich besser und organisierter auszudrücken und darzustellen, sondern auch einige Techniken, wie du überzeugender sein kannst.

Kommunikationsstile und wie man sie anwenden sollte

Nach den vorherigen Übungen wäre es von Vorteil, wenn du nun noch etwas über Kommunikationsstile lernst. Du solltest also nicht einfach drauflos reden. Das kann dir die Türen gleich im Voraus verschließen.

Jeder hat seine eigene Art, sich zu kommunizieren. Aber auch unser Publikum hat einen eigenen Stil, und das Geheimnis ist, zu wissen, welcher Stil der richtige für jedes Publikum ist.

Prinzipiell ist kein Stil besser als der andere. Mark Murphy[6] erklärt die Vor- und Nachteile von vier verschiedenen Kommunikationsstilen, die wir je nach Situation verwenden können.

DIE ANALYTISCHE KOMMUNIKATION

Bei einer analytischen Kommunikation wird auf Fakten und Tatsachen Wert gelegt. Es werden also Aussagen wie „Der Verkaufszuwachs des letzten Monats war 4,7 %“ und nicht: „Wir konnten im letzten Monat einen guten Verkaufszuwachs verzeichnen“. Diese letzte Aussage kann vieles bedeuten, wohingegen die erste klar ist.

Dieser Stil wird vor allem in der Arbeitswelt verwendet, wo es um logische und analytische Informationsaufbereitung geht.

Als ein analytischer Kommunikator wirst du klare Aussagen haben und machen wollen und ziehst es vor, auf viel Gerede zu verzichten. Deine Mitmenschen werden dich als einen Spezialisten auf dem Thema sehen.

Nachteilig wird dieser Stil sein, wenn du es mit Menschen zu tun hast, die eher den persönlichen Stil verwenden und dich kalt und gefühllos nennen, da du bei deine Kommunikation kein Interesse an Emotionen hast.

DIE INTUITIVE KOMMUNIKATION

Bei dieser Kommunikation geht es nicht um die Einzelheiten, sondern das große Bild. Es ist auch nicht so wichtig, wie die Information erhalten wurde. Es geht einfach um die Endfakten, um Entscheidungen zu treffen.

Für kreatives Schaffen und große Projekte mit einer ergebnisorientierten Sichtweise ist dieses Vorgehen das Beste.

Als intuitiver Kommunikator wirst du dich schnell verständlich machen, ohne große Umwege. Du wirst kreativ und innovativ denken und anspruchsvolle Herausforderungen genießen.

Für Situationen, in denen Details wichtig sind, ist dieser Kommunikationsstil ungeeignet. Das Gegenteil wäre dann der funktionale Stil.

DIE FUNKTIONALE KOMMUNIKATION

Auf den ersten Blick ähnelt dieser Kommunikationsstil dem analytischen, aber es gibt einen großen Unterschied: Dieser Stil achtet auf jedes Detail und jeden Schritt bei der Information.

Diese Art von Kommunikationsstil ist notwendig in Situationen, wo Details und konkrete Abläufe gefragt werden. Dies kann zum Beispiel beim Unterrichten und Anweisen sinnvoll sein, aber auch bei der Durchführung eines Projektes.

Als ein funktionaler Kommunikator wird dir viel daran gelegen sein, alle Details gut zu kennen und sie auch den anderen zu erklären, damit sie eine fundierte Entscheidung treffen können. Du bist also bestens informiert. In deiner Präsentation wirst du geordnet vorgehen: „Das Projekt beginnt mit A, dann kommt B, C, ... bis wir mit Z enden.“ Die Leute werden deinem Wissen vertrauen.

Wer die funktionale Kommunikation verwendet, hat den Nachteil, eventuell seine Zuhörer zu langweilen, vor allem die intuitiven, die sich nur auf das Endresultat konzentrieren wollen.

DIE PERSÖNLICHE KOMMUNIKATION

Dies ist der emotionalste Stil, um sich zu kommunizieren, also genau das Gegenstück zum analytischen Stil. Die persönlichen Gefühle der Menschen werden mit einbezogen, die reellen Beweggründe der Menschen entdeckt. Dadurch entsteht eine tiefe Beziehung zu den anderen.

Diese Art von Kommunikation kann, im Vergleich zu den anderen drei, die Schwingungen in der Luft erkennen. So ist es möglich, zerbrochene Beziehungen wieder zu heilen und Konflikte aus dem Weg zu räumen.

Als ein persönlicher Kommunikator bist du ein guter Zuhörer und Diplomat und hast die Fähigkeit, Menschen zusammen zu bringen.

Der Nachteil dieser Kommunikation ist, dass sie den Analytikern nicht gefallen wird, die harte Fakten haben wollen, und für diese Art von Unterredungen nicht gut geeignet ist. Dort macht man sich vielleicht über dich lustig, und du reagierst emotional.

*

Wie bereits anfangs gesagt, ist keiner dieser vier Kommunikationsstile besser oder schlechter als der andere. Ihr Gebrauch hängt von der Situation und den Zuhörern ab. Du wirst in einer Unterredung mit deinem Chef wahrscheinlich einen anderen Stil wählen, als wenn du mit deinen Freunden sprichst oder vor einer großen Menschenmenge etwas vorträgst.

Welches ist dein üblicher Kommunikationsstil? Wenn du dir nicht sicher bist, achte darauf, wenn du mit Freunden oder Kollegen sprichst.

Arbeite daraufhin an den anderen Stilen, denn, je nach Situation, solltest du in der Lage sein, deinen Stil anzupassen.

Wenn du Interesse hast, mehr über andere Kommunikationsstile zu lesen, schlage ich dir die folgenden Texte vor:

- Multimediaprogramm Kommunikation der Universität Oldenburg: 1 Nachdenken über Kommunikation und Rhetorik: 1.8 Kommunikationsstile[7]
- Wikipedia deutsch: Kommunikationsstile nach Schulz von Thun[8]
- UK Violence Intervention and Prevention Center: The Four Basic Styles of Communication[9].

3. Nonverbale Kommunikation – Die Körpersprache interpretieren

Die Körpersprache ist eine Art der nonverbalen Kommunikation, wozu die Körperhaltung, Gestik, Mimik, Habitus und andere Äußerungen des menschlichen Körpers gehören.

Das Auftreten (Habitus)

„**Habitus** ... bezeichnet seit Aristoteles das Auftreten oder die Umgangsformen einer Person, die Gesamtheit ihrer Vorlieben und Gewohnheiten oder die Art ihres Sozialverhaltens.“[10].

Wenn du bei deinen Mitmenschen gut ankommen und etwas erreichen willst, solltest du positiv und fröhlich sein und mit einer ansprechenden Körpersprache auftreten, kurzum charismatisch sein und einen guten ersten Eindruck hinterlassen. So wirst du sowohl in deinem privaten wie auch in deinem beruflichen Leben viel erreichen, und die Menschen werden gerne mit dir zusammen sein.

CHARISMATISCH SEIN

Charismatisch zu sein, bedeutet unter anderen:

- Dafür sorgen, dass die Menschen sich in deiner Begleitung wohl fühlen und gerne mit dir zusammen sind. Dies ist eine wichtige Eigenschaft erfolgreicher Menschen. Wenn du mit anderen Menschen zusammen bist, ist es wichtig, dass du Blickkontakt mit ihnen aufnimmst und dich nach ihren Gefühlen, ihrem Leben und Interessen erkundigst. Zeige ihnen, dass sie dich wirklich interessieren (auch wenn dem nicht so ist). Nichts ist unangenehmer als mit einer Person zu sprechen, die ständig dem Blickkontakt ausweicht und stattdessen lieber die Decke anstarrt oder auf den Boden blickt.
- Andere Menschen begeistern. Die Menschen erinnern sich vor allem an das, was du ihnen gesagt hast, wenn sie sich dabei positiv und begeistert gefühlt haben. Das Wichtige in einer Situation ist also, welche Gefühle du bei den Personen hervorrufst. So verankert sich das Gehörte oder Erlebte. Frage dich immer, welche Gefühle du bei einem Menschen hervorrufst, und das bedeutet, ob du etwas Positives oder Negatives für ihn tust. Menschen, die sich von dir begeistert fühlen, werden dich gerne wiedersehen.
- Ein Zimmer betreten und erleuchten lassen. Diese positive Ausstrahlung macht dich bei allen beliebt, sodass jeder mit dir sprechen möchte.
- Ein interessantes Gespräch mit jedem führen können. Das kann dein kleiner Neffe sein, die 70-jährige Nachbarin oder dein Philologie Professor.
- Sicher auftreten. Charismatische Personen fühlen sich sicher in dem, wer sie sind und was sie tun. Und wenn du Vertrauen in

dich selbst zeigst, werden auch die anderen Menschen um dich herum in dich vertrauen, dir entgegenkommen und deine Bedürfnisse erfüllen.
- Selbstsicher sein. Egal, was du tust oder sagst, du solltest es mit Selbstvertrauen machen. Versuche, dich gewandt auszudrücken, wenn du sprichst, allerdings ohne zu übertreiben, denn niemand ist gerne mit großspurigen Personen zusammen, selbst wenn sie charismatisch sind.

Wenn du also andere Menschen manipulieren möchtest, solltest du daher an deinem Charisma arbeiten.

DER ERSTE EINDRUCK

Der erste Eindruck, den du bei deinem Gegenüber hinterlässt, ist ausschlaggebend. Studien haben bestätigt, dass

- der erste Eindruck, den man von einer Person bekommt, über alle anderen, nachfolgenden Eindrücke dominiert.
- der erste Eindruck einer Person sie für uns als sympathisch oder unsympathisch, angenehm oder unangenehm definiert.
- der erste Eindruck bestimmt, wie wir die nächsten Eindrücke von dieser Person katalogisieren. Dies kann sogar so weit gehen, dass uns der erste Eindruck einer Person dazu verleitet, die anderen Eigenschaften dieser Person gar nicht mehr zu sehen oder wir sogar bereit sind, sie geflissentlich zu übersehen.

Der erste Charakterzug einer Person, den man wahrnimmt oder von dem man erfährt, hat also eine entscheidende Wirkung auf unsere Wahrnehmung von ihr. Wenn uns gesagt wird, dass der neue Chef sehr streng ist, erwarten wir gleich ein bestimmtes Klischeeverhalten von ihm, und es fällt uns schwer, den Rest seiner Charakterzüge zu sehen.

Das liegt daran, dass unser Gehirn immer versucht, neue Informationen mit den bereits bekannten in Verbindung zu bringen, abzugleichen und so das bereits vorhandene Bild zu bestätigen. Und so wird aus einem sparsamen Menschen ein Geizhals, aus einer selbstsicheren eine eingebildete und aus einer reichen Person eine korrupte.

Die Genetik spielt zwar eine Rolle bei diesem ersten Eindruck, aber du solltest so viel wie möglich tun, um diesen Effekt zu deinem Vorteil zu nutzen, zum Beispiel durch ein gutes Aussehen.

DER HALO-EFFEKT

Der Ausdruck Halo-Effekt kommt aus der Sozialpsychologie und bezeichnet eine kognitive Verzerrung, die entsteht, da wir von bekannten Eigenschaften einer Person auf andere unbekannte schließen. *Halo* kommt aus dem Englischen und bedeutet Heiligenschein. Bei einer positiven Verzerrung sprechen wir daher auch von einem Heiligenschein-Effekt. Das Gegenteil wäre dann der Teufelshörner-Effekt bei einer negativen Verzerrung.

Die bekannten positiven Eigenschaften einer Person, die wir kennen, überstrahlen alle anderen Eigenschaften dieser Person und beeinflussen dementsprechend das Gesamtbild, das wir von dieser Person haben.

Ein Beispiel wäre ein Schüler, der durch sein gutes Verhalten in der Schule auch bei einem neuen Lehrer den Eindruck erweckt, besonders intelligent zu sein, obwohl Lehrer dies noch nicht beurteilen kann.

Wenn wir zu unserem vorherigen Kapitel zurückkehren, könnte dies bedeuten, dass Menschen mit einer guten, aufrechten Körperhaltung für selbstbewusst gehalten werden, was alle anderen Merkmale dieser Personen überstrahlt.

Wenn wir uns dieses Effektes bewusst sind, hilft es uns, andere Personen auf die Charakteristiken von uns aufmerksam zu machen, die uns interessieren, sie also zu manipulieren. Aber dieses Wissen dient uns auch, Manipulatoren zu entlarven, die sich diesen Effekt zu Nutze machen.

In der Werbung wird dieser Effekt verwendet, um durch die Hervorhebung einiger oder sogar nur eines einzigen positiven Merkmals eines Produktes die negativen zu überspielen und für den potenziellen Käufer unsichtbar zu machen und die Wahrnehmung des Produktes durch den Konsumenten permanent zu beeinflussen.

NIMM THEATERUNTERRICHT

Ein wichtiger Punkt beim Manipulieren ist, deine eigenen Emotionen unter Kontrolle zu haben. Auf der anderen Seite willst du aber, dass die anderen auf deine erfundenen Gefühle reagieren. Wenn du lernen willst, wie du deine Emotionen spielen kannst, dann ist Schauspielunterricht genau die richtige Methode, um überzeugender zu werden. Sag aber niemandem, dass du das machst, wenn du es nur tust, um andere zu manipulieren. Sie könnten misstrauisch werden.

Die Körperhaltung

„Die **Körperhaltung** ist die durch das Zusammenwirken von Muskeln, Bändern und Knochen bedingte Stellung des menschlichen Körpers.“[11] Die Körperhaltung und die mehr oder weniger große Distanz zwischen zwei Personen kann uns viel über das Miteinander dieser Personen sagen.

DIE RICHTIGE KÖRPERHALTUNG

Deine Körperhaltung ist eine Begleiterscheinung deines Auftretens. Ohne die richtige Körperhaltung siehst du einfach schlecht aus. Wahrscheinlich denkst du nun an die Erinnerungen deiner Eltern, als du klein warst, dich gerade hinzusetzen und aufrecht zu gehen, und die dir nicht viel sagten, als du noch ein Kind warst. Aber glaube mir, achte auf deine Körperhaltung und beobachte dich notfalls im Spiegel, um festzustellen, wie du aussiehst.

Eine schlechte Körperhaltung spiegelt nicht nur ein gedrücktes Seelenleben wider, sondern es funktioniert auch umgekehrt. Wenn du dich aufrichtest und streckst, fühlst du dich gleich viel besser und die gedrückte Stimmung vergeht. Sie passt einfach nicht zu einer guten Körperhaltung.

Und so, wie du dich präsentierst, so wirst du auch von deinen Mitmenschen wahrgenommen. Und wenn deine Körperhaltung Selbstbewusstsein reflektiert, wirst du von den Personen um dich herum als selbstbewusster Mensch akzeptiert.

Achte auf deine Körperhaltung beim Gehen, beim Stehen, beim Sitzen, beim Essen, bei allem, was du tust, vom Aufstehen bis zum Schlafengehen.

RICHTIGE KÖRPERHALTUNG KANN MAN LERNEN

Die Körperhaltung wird in der Orthopädie und der Ergonomie erforscht, aber du kannst mit Hilfe der Physiotherapie und Gymnastik dazu beitragen, deine Körperhaltung zu verbessern.

ACHTE AUF DIE FÜSSE DEINES GEGENÜBERS

Wenn du mit jemand sprichst, achte mal auf seine Fußstellung. Wenn die Füße in deine Richtung gestellt sind, bedeutet dies, dass die Person an dir und eurem Gespräch interessiert ist. Wenn die Füße zwar in deine Richtung zeigen, der Körper aber in eine andere Richtung gedreht ist, kann dies bedeuten, dass die Person kein Interesse an dir oder der Unterhaltung hat. Beobachte auch dich selbst einmal diesbezüglich.

DIE RICHTIGE DISTANZ

Man sollte neuen Bekanntschaften nicht gleich zu nah kommen. Das könnten sie als unangenehm empfinden. Gib ihnen etwas Raum und die Möglichkeit, sich selbst zu nähern, falls ihnen danach ist.

Die Gestik

„**Gestik** ist die Gesamtheit der Gesten, die als Bewegungen der zwischenmenschlichen Kommunikation dienen.“[12] Dazu gehören in erster Linie die Bewegungen von Armen, Händen und des Kopfes, aber unter anderem auch der Beine und der Füße. Diese Art von Bewegungen wird häufig als Lautsprache verwendet, z. B. bei sportlichen Ereignissen, aber auch in anderen Momenten, wo die verbale Kommunikation durch die Entfernung oder Umweltgeräusche erschwert wird.

DER RICHTIGE HÄNDEDRUCK

In der westlichen Welt verstehen wir einen kräftigen Händedruck bei der Begrüßung als ein Zeichen von Selbstsicherheit und Willensstärke. Wichtig ist dabei, dass der Händedruck nicht zu kräftig ist, aber auch nicht glitschig und kraftlos. Der Mittelweg ist das richtige, damit man ihn als angenehm empfindet.

In anderen Regionen der Welt, vor allem in Asien, wird ein zu starker Händedruck als grob und unhöflich empfunden.

DIE RICHTIGE VERWENDUNG VON GESTIK

Gestik wird häufig auch verwendet, um das verbal Gesagte noch zu unterstützen und zu unterstreichen. Dabei werden die Gesten richtig verwendet, wenn sie gleichzeitig mit dem zugehörigen Text gebraucht werden oder leicht vorversetzt, aber nie nachher, da sie dann verloren im Raum stehen.

Die Mimik

„Als die **Mimik** (auch die **Miene** oder das **Mienenspiel**) werden die sichtbaren Bewegungen der Gesichtsoberfläche bezeichnet."[13] An diesen sind vor allem die Augen und der Mund beteiligt, die in kürzester Zeit stattfinden. Diese Mimikbewegungen können je nach Kulturkreis variieren.

Bewusste und unbewusste Körpersprache

Der Großteil unserer Körpersignale findet unbewusst statt. Und wir werden kaum in der Lage sein, diese zu verbergen. Das gilt sowohl für unsere Reaktion auf schlechte wie auch auf gute Nachrichten, die eine Änderung unseres Gesichtsausdruckes und unserer Körperhaltung zu Folge haben. Auch andere Gemütszustände wie zum Beispiel Langeweile, Angst und Erstaunen können wir schlecht verbergen.

Wir können aber dennoch gewisse Signale bewusst antrainieren, wie ein Lächeln, damit sich der andere willkommen fühlt, das aufrechte Sitzen, einen festen Händedruck (wie bereits oben gesagt), ein bestätigendes Nicken, etc. So können wir bis zu einem gewissen Grad manipulieren, was der andere über uns denkt.

Die Körpersprache ist stärker als unsere verbale Sprache

Gemäß einer Studie des amerikanischen Psychologieprofessors Albert Mehrabian[14] machen die Worte nur 7 % des Gesamteindruckes einer Person auf andere aus, der Tonfall 38 % und die Körpersprache 55 %. Damit eine Kommunikation kohärent ist, müssen also alle drei übereinstimmen.

Wenn du daher Zweifel hast, ob eine Person authentisch ist oder dich anlügt, musst du nur lernen, ihre Körpersprache zu interpretieren, da sie 1. mehr über sie aussagt als ihre Worte, und 2. zum größten Teil unbewusst ist, also schwerer manipuliert werden kann.

Es ist deshalb wichtig, die Körpersprache der Menschen lesen zu können. Wenn du das verstehst, hast du viel gewonnen. Dies gilt natürlich auch für dich selbst, deine eigene Körpersprache gegenüber anderen.

4. Lerne mehr über Psychologie

Es ist wichtig, dass du verstehst, wie der menschliche Verstand funktioniert. Nur so kannst du ein guter Manipulator werden. Lies daher Literatur zu dem Thema, auch aus dem neurolinguistischen Bereich (NLP). Aber auch allgemeine Themen aus der Psychologie können interessant und hilfreich sein.

B. Tricks, um Menschen zu manipulieren, ohne es zu übertreiben

Das bedeutet, die Menschen auf deine Seite zu bekommen, ohne dass sie es merken. Hierzu gibt es einige Tricks, die du anwenden kannst. Wenn du es richtig machst, werden sich deine Kommunikationspartner sogar noch besser fühlen. Hier eine kleine Übersicht von Tricks, die im Alltag funktionieren. Sie helfen dir aber auch, zu erkennen, wenn andere dich manipulieren (wollen).

Die Foot-in-the-door Technik

Diese Technik, bei der man wörtlich versucht, bei seinem Gegenüber einen Fuß in die Tür zu bekommen, funktioniert sehr gut. Das wurde in verschiedenen Studien festgestellt[15],[16].

Es geht so: Du bittest jemand zunächst um einen kleinen Gefallen, den er dir wahrscheinlich nicht abschlagen wird. Damit hast du den Fuß in der Tür, wenn er akzeptiert. Als nächstes bittest du um etwas Größeres, das du wahrscheinlich dann auch bekommst, wofür du aber möglicherweise auf Anhieb kein Ja bekommen hättest.

Dahinter steht das Prinzip, dass der erste, kleine Gefallen, der vielleicht nur aus Höflichkeit gemacht wurde, eine Art Bindung zwischen euch schafft. Dadurch fühlt sich der andere hilfreich und freundlich, was ihn mehr oder weniger dazu verpflichtet, auch in Zukunft diesem Selbstbild konsequent zu entsprechen. Außerdem wirst du für diese Person wichtig, da sie etwas für dich tut und dies rechtfertigen muss. Vielleicht hat sie sogar das Gefühl, sie mag dich.

Wichtig ist dabei, dass die erste Bitte klein genug ist, damit sie nicht abgelehnt werden kann, aber groß genug ist, damit die andere Person fühlt, sie tut etwas Gutes. Dieses Gute funktioniert umso besser, wenn es einen Wert hat, z. B. einen sozialen Wert, und ohne Druck erlangt wird.

Wenn du nachher noch dieses Verhalten lobst, ist es umso wahrscheinlicher, dass du noch weitere Gefallen erhalten wirst.

Wenn jemand versucht, diese Methode bei dir selbst anzuwenden, dann solltest du überlegen, ob du das wirklich machen willst. Du bist nicht gezwungen, nur, weil du A gesagt hast, auch B zu sagen.

Beispiele:

- Dein Kind fragt dich, ob es für zwei Stunden zu seinem Freund gehen darf. Du akzeptierst. Wenn es dort ist, ruft es dich an und sagt, dass sie ins Kino gehen wollen. Ob das in Ordnung ist. Wahrscheinlich wirst du auch das nun akzeptieren. Dann fragt es, ob du sie auch nach der Kinovorstellung vor dem Kino abholen kannst. Und du wirst wahrscheinlich auch das noch machen.
- Du hast viel Arbeit und möchtest, dass ein Mitarbeiter mit dir im Büro bleibt, um dir zu helfen. Wenn du es ihm direkt sagst, wird er aber sagen, er will keine Überstunden machen. Also bittest du ihn nur kurz vor dem Feierabend, dir noch kurz ein paar Kopien zu machen, da du sonst nicht fertig wirst, aber nach Hause möchtest. Wenn er mit den Kopien zurückkommt, hast du noch mehr, dieses Mal ein größeres Paket, und er hilft dir

wahrscheinlich nochmal. Am Ende fragt er dich vielleicht sogar, was dir noch fehlt.

Die Door-in-the-face Technik

Diese Methode funktioniert genau umgekehrt wie die vorhergehende. Du beginnst mit einer sehr großen Bitte, die dir dein Gegenüber wahrscheinlich anschlagen wird[17],[18]. Das kann eine übertriebene Bitte sein, aber auch etwas völlig Ungewohntes. Das ist im übertragenen Sinne die Tür, die du ihm ins Gesicht schlägst. Wenn du ihn danach um einen vernünftigen Gefallen bittest, ist es sehr wahrscheinlich, dass er darauf eingehen wird. Auf Anhieb hätte er dir diesen Gefallen aber möglicherweise abgeschlagen.

Beispiele:

- Du möchtest, dass dein neuer Angestellter seine Französischkenntnisse in seiner Freizeit verbessert. Also fragst du ihn, ob er nicht seine Französischkenntnisse verbessern will, um für das nächste Großprojekt besser vorbereitet zu sein. Er brauchte dazu nur ab der nächsten Woche jeden Tag zwei Stunden eher ins Büro zu kommen, um an dem internen Französischunterricht teilzunehmen. Er wird das wahrscheinlich ablehnen. Daraufhin fragst du ihn dann, ob er es sich vorstellen könnte, zumindest einmal pro Woche Unterricht zu nehmen. Das wird er dir dann mit großer Wahrscheinlichkeit akzeptieren.
- Du wirst auf der Straße gebeten, einen seitenlangen Fragebogen auszufüllen, und sagst, du hast keine Zeit. Daraufhin bittet dich der Interviewer, ob du ihm denn zumindest eine Unterschrift für eine Petition geben kannst. Wahrscheinlich wirst du akzeptieren, obwohl du es normalerweise nicht tust, und der Mann hat, was er will.

*

Beide Methoden wurden in Experimenten verglichen[19] und haben ähnliche Resultate gezeigt. Trotzdem kann es sein, dass die Personen die Foot-in-the-door Methode vorziehen, weil sie nicht einem so großen Druck ausgesetzt werden[20].

Priming

Der Begriff *Priming* wird in der Psychologie verwandt, um zu erklären, wie ein erster Reiz (*prime* – Bahnungsreiz) Einfluss auf die Verarbeitung eines nachfolgenden Reizes (Zielreiz) hat. Der erste Reiz bereitet sozusagen unser Gehirn vor, um den zweiten einfacher zu verarbeiten. Dies ist daher eine subtile Manipulationstechnik, da der andere sich normalerweise nicht bewusst ist, wie er beeinflusst wird. Dieser erste Reiz kann ein Bild, ein Wort oder eine Geste sein.

Wenn du jemanden manipulieren willst, damit er etwas akzeptiert, nutze den Priming-Effekt, indem du ihm zunächst mehr abverlangst als du wirklich gebrauchst. Wenn du dann den wirklichen Wert nennst, wird es ihm nicht mehr so hoch vorkommen.

Beispiele:

- Wenn du die Autorisierung eines teuren Projektes gebrauchst, kannst du zunächst von sehr hohen Kosten sprechen. Wenn du dann die reellen Kosten präsentierst, werden sie wahrscheinlich einfacher akzeptiert, da man sie für noch höher veranschlagt hatte.
- Diese Vorgehensweise wird auch gebraucht, um bestimmte Antworten in Umfragen oder Fragebögen zu beeinflussen. Dies kann man durch die Reihenfolge der Fragen erreichen[21].

Die Angst- und Erleichterungstechnik

Dies ist eine interessante Manipulationstechnik, die auch gut recherchiert wurde[22]. Du kannst sie einsetzen, wenn du etwas von jemand erreichen willst, aber Bedenken hast, ob er es dir gibt. Die Idee hinter dieser Methode ist wieder, dein Gegenüber aus seinem Verhalten herauszubekommen, das auf „Autopilot" funktioniert und wo er Nein sagen würde. Wir spielen also mit den Emotionen der anderen Person, um sie zu entwaffnen.

Dazu inspirierst du zunächst Angst. Die andere Person soll das Schlimmste befürchten und sich gestresst fühlen. Dann lässt du den Dampf ab, nimmst den Stress weg, und Erleichterung tritt ein. Danach wird die betreffende Person mit ziemlicher Sicherheit aufatmen und das tun, was du von ihr benötigst. Diese Methode ist sehr effizient!

Beispiel:

- Du sagst einem Freund, der dir gestern sein gutes Fahrrad geliehen hat: „Gestern, als ich durch die Stadt fuhr, hatte ich plötzlich das Gefühl, dass die Felge verbogen war. Das Fahrrad hoppelte so komisch." Dann wartest du ein wenig auf seine Reaktion. Wenn du seine großen Augen siehst, sagst du ihm: „Dann habe ich gemerkt, dass es nur an dem Kopfsteinpflaster in der Innenstadt lag. Also ist alles in Ordnung. - Übrigens, kannst du mir das Fahrrad auch am Wochenende leihen?"

Die Angstfalle

Angst kann auch auf andere Art gebraucht werden, um Menschen zu manipulieren. Ein Manipulator muss nur genügend die negativen Konsequenzen von etwas ausmalen und die Leute unter Druck setzen, um sie dahin zu bringen, wohin er sie haben will. Und noch besser funktioniert das mit Zeitdruck. Leider lassen wir Menschen uns sehr durch unsere Emotionen beeinflussen.

Beispiele:

- „Stellen Sie sich nur vor ..."
- „Wenn Sie nicht rechtzeitig handeln, kann es zu spät sein."

Schenke deinem Gesprächspartner deine ganze Aufmerksamkeit

Wenn du jemand kennenlernst, aber auch, wenn du mit jemand schon Bekanntem eine Unterhaltung hast, zeige dich ruhig und gelassen und sieh der Person in die Augen. Ein direkter Augenkontakt spricht von Sicherheit und Selbstbewusstsein. Natürlich solltest du dabei die Person nicht an**starren**, sodass sie sich unwohl fühlt.

Wenn du einer neuen Bekanntschaft auch noch ihre Augenfarbe sagen kannst, wird diese Person fühlen, dass du dich wirklich für sie interessierst. Das öffnet dir immer die Türen.

Pacing oder Spiegeln

Das Spiegeln ist eine gute Methode, um jemanden sanft zu manipulieren. Der Name *Pacing* kommt aus dem Neurolinguistischen Programmieren (NLP) und ist eine bekannte Technik, um Ähnlichkeiten aufzustellen. In anderen Worten schaffen wir mit unserem Benehmen ein Spiegelbild unseres Gegenübers, während wir mit ihm kommunizieren. Wir passen uns also an ihn an. Das kann auf verschiedene Weisen geschehen.

Das Pacing kann unter anderem Folgendes imitieren:

- Atmung: Atemfrequenz und –tiefe, Gähnen, Räuspern, ...
- Stimme: Stimmhöhe, Lautstärke und Geschwindigkeit des Sprechens, Tonfall, ...
- Sprache: Wortwahl, Fachausdrücke, ...
- Körperhaltung und Bewegungen: Sitzhaltung, Beine gleichzeitig übereinanderschlagen, Armhaltung, ...
- Gestik
- Mimik
- Emotionen: Fröhlichkeit, Traurigkeit, Nachdenklichkeit, ...

Wenn wir das Pacing respektvoll und nicht zu stark machen, erreichen wir normalerweise ein vertrauensvolleres Verhältnis zu unserem Gegenüber[23],[24]. Wer das Pacing aber übertreibt, wird genau das Gegenteil erreichen, denn dann wird es unserem Gesprächspartner klar, was wir tun, und wir machen uns lächerlich.

Schuldgefühle

Schuldgefühle in anderen erwecken ist eine weitere, gut funktionierende Taktik, um von ihm zu bekommen, was man möchte. Suche dir für diese Methode jemanden in deinem Leben aus, der dir gegenüber sowieso leicht Schuldgefühle haben wird. Das können deine Eltern, Partner oder Freunde sein. Wenn du dieser Person das Gefühl gibst, dich schlecht zu behandeln, wird sie dir wahrscheinlich das geben, was du brauchst. So einfach ist das.

Beispiele:

- Wenn du möchtest, dass deine Eltern dir erlauben, am Wochenende zum Campen zu gehen, sag ihnen, dass alle deine Freunde auch dahin dürfen und du der oder die einzige bist, die nicht mitmachen darf. Dass du nie solche Erfahrungen haben wirst, die wichtig im Leben sind.

- Wenn du möchtest, dass dein Partner sich schuldig fühlt, sag ihm oder ihr nur ganz nebenbei, was du alles schon für ihn oder sie getan hast und wie oft du auf das Gleiche von ihm oder ihr gewartet hast.
- Wenn du möchtest, dass einer deiner Angestellten eine Extraarbeit übernimmt und er dies ablehnt, sag ihm einfach, dass du das erwartest hast, aber dass es kein Problem ist, dass du dann eben länger arbeiten musst. Wahrscheinlich wird er dir dann doch helfen.

Die Opferrolle

Diese Taktik hat in gewisser Hinsicht mit der vorherigen zu tun. Hier bist du das Opfer. Wenn du deine Rolle gut spielst und dabei nicht übertreibst, wirst du deinem Gegenüber wahrscheinlich das Herz brechen. Lass die anderen spüren, was für ein netter und hilfsbereiter Mensch du bist, der leider nur in einem feindselig gesinnten Universum lebt.

Beispiele:

- Du erklärst anderen, wie viel und wie hart du doch arbeitest, aber dass deine Vorgesetzten das einfach nicht sehen wollen. Und vor Monatsende ist das Geld schon wieder knapp und niemand sieht, wie du den Gürtel enger schnallen musst. Bestimmt bietet sich jemand an, dir etwas zu leihen.
- Stell dich dumm und sag: „Ich weiß einfach nicht, was ich immer falsch mache." Wenn es ehrlich genug klingt, wird der andere darauf hereinfallen.
- Jammere ein bisschen. Wenn du dich bei Dienstschluss beklagst, wie voll doch die öffentlichen Verkehrsmittel immer zu der Zeit sind, wenn du die Stadt durchqueren musst, bietet sich vielleicht einer deiner Kollegen an, dich ein Stück mitzunehmen.

Versuche es mit Bestechung

Bestechung ist eine gut funktionierende Methode, um zu bekommen, was man will. Da sie so gut funktioniert, ist sie auch in der Politik und in der Wirtschaft so weit verbreitet. Sie kann Wunder wirken, wenn man sie richtig anwendet. Wir wollen sie für unsere Zwecke aber nur in geringem Masse ausnutzen. Das kann materieller oder emotionaler Weise sein. Wenn wir jemand etwas freiwillig geben, wird er sich normalerweise gezwungen fühlen, uns etwas im Gegenzug dafür zu geben. Und das können wir zu unseren Zwecken ausnutzen.

Versuche daher, herauszufinden, worüber sich der andere freuen würde, und versuche, es ihm zu geben. Lass es so aussehen, als ob du einfach nur nett sein willst. Nachher sagst du dann, worüber du dich freuen würdest, ohne dass es wie eine Erpressung aussieht, denn dann ist der gute Eindruck hin. Du kannst sogar mit etwas „bestechen", was du sowieso tun oder geben würdest.

Beispiele:

- Du kannst deinem Chef eine Superpräsentation der Geschäftsergebnisse des letzten Monats vorlegen und ihn dann bitten, dich am Freitag eher gehen zu lassen. Die Präsentation musstest du sowieso machen.
- Du kannst deinen Freund bitten, dir beim Anstreichen zu helfen und ihm anbieten, sein Lieblingsmittagessen zu kochen.

Menschen durch den Kommunikationsstil manipulieren

Viele Menschen beginnen ein Gespräch mit Small Talk und kommen erst später zur Sache. Dies ist wahrscheinlich die normale Art, eine Unterhaltung zu führen. Versuche es mal anders. Lenke das Gespräch direkt in die Richtung, wo du es hinhaben willst. Auch so kannst du Menschen manipulieren.

Gebrauche Logik

Wenn wir bei rational denkenden Menschen etwas erreichen wollen, ist ein logischer Ansatz meist das Beste, um zum Ziel zu kommen. Hierzu solltest du gleich mehrere logische Gründe parat haben, warum das, was du möchtest, von Vorteil ist. Und dieser Vorteil sollte für alle Beteiligten sein. Wähle eine ruhige und nüchterne Sprache, um deine Punkte darzulegen. So unterstreichst du noch deine Argumentation, denn rational denkende Menschen ziehen es vor, die Emotionen draußen vor zu lassen. Sonst fühlen sie sich unbehaglich.

Beispiel:

- Lege deine Argumente so dar, als ob sie die einzig sinnvollen Optionen sind. Appelliere an den Verstand der anderen Person, sodass sie dir zustimmen muss, dass dies das einzig Richtige ist und sie sich lächerlich fühlt, wenn sie nicht der Meinung ist.

Die anderen wie ein offenes Buch lesen

Bevor du beginnst, andere Menschen manipulieren zu wollen, solltest du etwas über sie lernen. Nimm dir die Zeit, zu verstehen, wie sie funktionieren und reagieren. Jeder ist anders, und nicht alle lassen sich auf die gleiche Art und Weise beeinflussen. Auch der Moment spielt eine Rolle. Hier bekommst du einige Vorschläge und Denkanstöße.

- Die meisten Menschen funktionieren vor allem auf emotionaler Basis. Du erkennst dies recht schnell, wenn du sie etwas beobachtest. Sie lieben emotionale Filme und Bücher und zeigen sehr leicht Sympathie und Empathie. Bei ihnen musst du mit ihren Emotionen spielen. Es ist einfach, bei ihnen Mitleid zu erwecken, damit sie dir geben, was du willst.

- Andere Menschen entwickeln sehr leicht Schuldgefühle. Das kannst du ausnutzen, damit sie sich schuldig fühlen, dir nicht nachzugeben.
- Wieder andere sind mehr rationaler Natur. Bei ihnen solltest du die Logik anwenden. So kannst du sie leichter überzeugen, und sie bekommen, was sie gebrauchen, um sich sicher zu fühlen.

Lerne von den Meistern

Wenn du jemand kennst, der wirklich gut im Leute Manipulieren ist, und du diese Strategien lernen willst, dann solltest du ihn beobachten und studieren, wie er es macht, immer das zu erreichen, was er sich vornimmt. Dabei ist es egal, wie gut du dieser Person kennst. So bekommst du neue Einblicke in die Trickkiste eines Manipulators und kannst viel lernen.

Behalte die Gefühle unter Kontrolle

Dies ist ein Punkt, den man schwer ins Gleichgewicht bringt. Die Manipulation anderer Personen wird einfacher, wenn du Kontrolle über ihre Gefühle hast, zum Beispiel, wenn sie emotional reagieren. In dem Moment lassen sie sich leichter manipulieren. Du musst also mit ihren Emotionen spielen. Die Frage ist, wie weit du dies treiben willst. Denn auch umgekehrt kann das funktionieren, wenn du nicht aufpasst. Es ist also sehr wichtig, dass du erst ein wirklicher Meister in den Manipulationstechniken wirst, um ihnen nicht selber zu erliegen, also nicht in deine eigene Falle zu geraten.

Fall nicht aus der Rolle

Wenn jemand dir sagt, dass du manipulative Taktiken verwendest, dann gib dies auf keinen Fall zu. Sag der anderen Person stattdessen, dass du indigniert bist, wie sie so etwas von dir denken kann: „Ich kann nicht glauben, dass du so etwas von mir denkst! Das würde ich nie tun." In den meisten Fällen wird dein Gegenüber dir glauben und sich beschämt fühlen, dich beschuldigt zu haben.

Wenn du zugibst, manipulative Techniken anzuwenden, dann wirst du diese Person (und eventuelle andere, denen sie es erzählt) nicht mehr manipulieren können. Sie ist nun vorbereitet.

C. Tipps, um andere zu manipulieren

Hier bekommst du einige Tipps, wie du erfolgreich andere Menschen in deinem täglichen Umfeld manipulieren kannst.

Wie kannst du deine Eltern manipulieren?

Auf der einen Seite solltest du beachten, dass deine Eltern dich recht gut kennen, also wissen, wie du handelst, und nicht leicht zu täuschen sind. Auf der anderen Seite werden sie aber normalerweise auch alles tun, damit du dich gut fühlst. Das kannst du ggfs. ausnutzen.

Wenn du sie erfolgreich manipulieren willst, solltest du dich, bevor du mit deiner Bitte herauskommst, besonders gut benehmen. Tu das, was sie von dir erwarten. Dann ist es einfacher, dass sie auf deine Bitte eingehen.

Eine gute Strategie ist, das Thema ganz unkompliziert und ohne große Vorwarnung anzugehen. Es sollte ganz natürlich klingen. Falls das nicht funktioniert, kannst du versuchen, dass deine Eltern sich schuldig fühlen, weil du der Einzige bist, der etwas nicht tun darf, wenn für alle anderen das etwas ganz Normales ist.

Beispiel:

- Du willst am Wochenende mit deinen Freunden zu einem Open-Air-Konzert gehen. Also sagst du es deinen Eltern am besten ganz nebenbei, wenn du bei der Haus- oder Gartenarbeit hilfst. Sag ihnen auch dabei, dass alle deine Freunde ebenfalls hingehen werden. So wird es unwahrscheinlicher sein, dass sie es dir abschlagen.

Ein Tipp noch: Wenn du deine Eltern manipulieren willst, solltest mit dem am leichtesten zu manipulierenden Elternteil beginnen, vor allem, wenn der andere nicht im Raum ist. So hast du schon die halbe Schlacht gewonnen.

Wie man Freunde manipulieren kann

Auch deine Freunde kennen dich gut und werden darum vielleicht nicht auf jeden Trick hereinfallen, da sie wissen, wie du normalerweise handelst und reagierst.

Du solltest also auch hier versuchen, ein Musterexemplar von Freund zu sein, bevor du um den Gefallen bittest. Nimm dir dafür etwas Zeit. Lass deinen Freund sehen, wie gute Freunde ihr beiden seid.

Wenn du dann um den Gefallen bittest, lass die Emotionen sprechen. Dein Freund wird nicht wollen, dass du dich schlecht fühlst. Falls du damit nicht weiterkommst, erinnere deinen Freund daran, wie gute Freunde ihr doch seid und dass ihr euch nie im Stich lasst. Im schlimmsten Falle kannst du immer noch darauf anspielen und deinen Freund erinnern, wann er dich im Stich gelassen hat. Aber bitte, ohne zu übertreiben! Sonst klingt es nach Erpressung.

Wie man seinen Partner manipuliert

Das sollte eigentlich kein schwieriges Unterfangen sein, ohne dass es dicke Luft gibt. Wenn du etwas bei deinem Partner erreichen willst, ist Liebesentzug sicher keine gute Taktik. Zumindest nicht für die Beziehung. Und du willst bestimmt eine gute Beziehung.

Daher solltest du am besten zuerst das an deinem Partner loben, was dir besonders gut an ihm oder ihr gefällt. Danach ist es leichter, um etwas zu bitten, selbst, wenn es sich um eine Verhaltensänderung des anderen handelt!

Ein Scheidungsanwalt, der viel mit dem Thema der Partnerbeziehungen zu tun hat, sagt, dass in einer guten Beziehung der Ton die Musik macht. Kritik oder Vorwürfe funktionieren gar nicht, Lob ist viel effizienter, um etwas zu erreichen.

Wie manipuliert man seinen Chef?

In der Arbeitswelt funktioniert am besten der rationale, ruhige und logische Ansatz, oder, wenn wir von den Kommunikationsstilen sprechen, normalerweise der analytische. Emotionen und private Probleme sollten in der Arbeitswelt draußen vor bleiben. Gib klare und konkrete Gründe an, warum du etwas benötigst.

Sei ein Spitzenmitarbeiter. Beeindrucke deinen Boss erst durch dein Musterverhalten am Arbeitsplatz. Er soll ruhig sehen, was für einen tollen Mitarbeiter er da hat.

Spreche ihn am Ende des Tages auf dein Anliegen an, wenn er mehr Ruhe hat. Vielleicht musst du dafür etwas länger bleiben, aber so zeigst du ihm auch, dass du gerne mal bereit bis, bis später zu arbeiten. Das kann zum Beispiel sein, kurz bevor er Feierabend macht.

Und dann solltest du ihn ganz ohne Umschweife auf dein Anliegen ansprechen. Einem Chef gefällt es nicht, wenn man ihm mit langem Gerede und Erklärungen die Zeit wegnimmt. Außerdem gibst du ihm so zu verstehen, dass es gar nichts Großartiges ist, worum du ihn bittest.

Wie kannst du deinen Lehrer manipulieren?

Wenn du deinen Lehrer manipulieren willst, musst du verschiedene Taktiken mischen. Du solltest professionell sein, also den Eindruck geben, dass du über den Unterrichtsstoff Bescheid weißt und lernst. Du kannst auch dem Lehrer sagen, wie interessant du das Unterrichtsthema findest. Das kannst du dadurch erreichen, dass du im Unterricht mitmachst. Auch das vor oder nach dem Unterricht etwas Kommentieren funktioniert, damit er darauf aufmerksam wird, dass du teilnimmst.

Dann solltest du ein Musterschülerbenehmen an den Tag legen. Komm pünktlich, mach deine Hausaufgaben, lächele den Lehrer öfter mal an (ohne zu übertreiben) und störe nicht den Unterricht.

Wenn du nun an einem Tag etwas mehr Zeit für eine Arbeit, die er euch aufgegeben hat, gebrauchst, kannst du ihn darauf ansprechen, und er wird solch einem Musterschüler wie dir diese Bitte wahrscheinlich nicht abschlagen.

Falls er es aber doch tun sollte, kannst du immer noch anklingen lassen, dass es im familiären Privatbereich derzeit einige Probleme gibt (die du nicht nennen musst), und wahrscheinlich bekommst du so den Aufschub, den du gebrauchst.

Kann man Manipulatoren manipulieren?

Nein, das ist keine gute Idee. Jemand, der weiß, wie man andere manipuliert, wird deine Taktiken leicht durchschauen. Es sei denn, du bist wirklich sehr gut beim Manipulieren und hast schon viel Erfahrung. Und dann hättest du dir dieses Buch wahrscheinlich nicht gekauft.

Wie kann man jemanden manipulieren, damit er/sie an sich selbst glaubt?

Gleich vorweg genommen, diese Art von Manipulation oder Einflussnahme erscheint uns wahrscheinlich erheblich positiver, aber auch sie ist Manipulation. Ich bringe den anderen dahin, umzudenken. Zu seinem eigenen Vorteil, natürlich!

Du kannst jemand sagen, was du an ihm bewunderst, also das Positive hervorheben. Du darfst auch ruhig ein wenig übertreiben. Dann kannst du ihm sagen, dass er in diesem Bereich ein Beispiel und eine Inspiration für dich oder für andere ist. Vergleiche ihn mit anderen, ihm bekannten Menschen, die sich in einer ähnlichen Situation befanden wie er.

Vorsicht!

- Wer andere manipuliert, muss damit rechnen, Freunde und den Respekt der anderen zu verlieren. Sei also vorsichtig, wenn du Manipulationstechniken anwendest. Du solltest es nicht zu oft tun.
- Unterschätze nicht die Intelligenz der anderen. Vor allem, wenn du noch kein Experte auf dem Gebiete der Manipulation bist, ist

es für viele Menschen nicht schwer, zu erkennen, dass du sie oder Dritte manipulierst. Du solltest also erst deine Methoden perfektionieren.

Zusammenfassung Teil II

Nun hast du alles, was du brauchst, um andere zu manipulieren. Übe und vergiss keinen der oben genannten Punkte. Das Kombinieren von verschiedenen Taktiken ist noch effizienter. Aber vor allem ist es wichtig, dass du bedenkst, dass dein Aussehen und Auftreten zu den beabsichtigten Techniken und deinen Fähigkeiten, dich zu kommunizieren, passen muss. Sonst überzeugst du niemand. Die Zauberformel ist also:

Aussehen + Auftreten + Sprechen + Tricks

Wenn du es mit einem Spezialisten zu tun hast und sich jemand deiner Tricks bewusst ist, musst du noch viel mehr psychologisches Know How erlernen, wie ich dir oben schon nahelegte.

Ich hoffe, die hier angebotene Information kann dir helfen, Menschen erfolgreich zu beeinflussen.

Teil III. Manipulation erkennen und abwehren

A. Manipulationstechniken

Es gibt eine lange Liste von Techniken, die von manipulativen Menschen gebraucht werden. Das Repertoire ist sehr weitreichend. Im Folgenden erhältst du eine recht komplette Auflistung der Strategien, mit denen Manipulatoren arbeiten. Einige Methoden sind eher versteckt und subtil, andere sind offene und schärfere Beispiele, um Zwang anzuwenden.

Wichtig ist, zu verstehen, dass nicht jeder, der diese Techniken anwendet, vorsätzlich handelt, um dich zu manipulieren. Einige Menschen haben einfach höchst schlechte und bedauernswerte Gewohnheiten. Trotzdem ist es aber wichtig, diese Verhaltensweisen zu erkennen, da sie deine Rechte und persönliche Sicherheit in Gefahr bringen.

Kontrolle, koste es was es wolle

Ein Manipulator ist immer sehr darauf bedacht, die Kontrolle auf Biegen und Brechen zu behalten. Sonst ist sein Spiel zu Ende. Er wird dich und dein Leben daher mit allen Mitteln seiner Kunst unter Kontrolle halten. Er wird versuchen, dich zu isolieren, deine Finanzen zu überwachen, dein Arbeitsleben und auch deine sozialen Kontakte zu kennen. Am wichtigsten sind für ihn aber deine Emotionen, auf die wir noch in einem separaten Kapitel eingehen werden. Beginnen wir mit einigen grundlegenden Aspekten der Kontrolle.

Heimvorteil

Ein Manipulator wird wahrscheinlich darauf bestehen, dass du dich mit ihm an einem Ort triffst, wo er sich zu Hause fühlt, die Kontrolle hat und sich dominierend und vertraut fühlt, du aber nicht. Im Fußball heißt das Heimvorteil.

Beispiele:

- Das Büro des Chefs.
- Die Wohnung deiner Ex.
- Das Auto des Immobilienmaklers.
- Es ist möglich, dass dir ein Platz zugewiesen wird, wo du die Sonne im Gesicht hast oder dem anderen direkt gegenüber sitzt.

Erkennen: Wenn immer der andere „Heimvorteil" hat, ist das bestimmt mit Absicht so arrangiert.

Abwehren: Entscheide du das nächste Mal, wenn möglich, wo ihr euch trefft. Oder setze dich kurzerhand anders hin. Das wird deinem Gegenüber nicht gefallen, aber er wird es wahrscheinlich akzeptieren müssen.

Die andere Person lässt dich immer zuerst reden

Dies ist eine typische Strategie der Verkäufer, wenn sie neue Kunden suchen. Sie stellen Fragen, um festzustellen, wie du denkst und handelst, welches deine Stärken und Schwächen sind. Diese Fragen beginnen normalerweise mit „Was", „Warum" und „Wie". Der Fortgang des Gespräches hängt von deinen Antworten ab. Aber natürlich kann diese Art von Gesprächen auch am Arbeitsplatz oder im privaten Bereich stattfinden.

Erkennen: Die Tatsache, dass die andere Person dich immer zuerst sprechen lässt, ist für sich alleine noch kein sicheres Indiz, dass sie dich manipulieren will. Achte daher zum Beispiel darauf, ob sie dich nur von dir erzählen lässt, oder ob sie danach auch von sich selbst persönliche Information preisgibt.

Abwehren: Wenn du merkst, dass es scheinbar bei der ganzen Fragerei einen Hintergedanken gibt und die andere Person nicht bereit ist, selbst Fragen zu beantworten oder dann schnell das Thema wechselt, dann solltest du das Gleiche tun.

Grenzen testen und jedes Mal etwas weitergehen

Manipulatoren und andere Soziopathen werden immer versuchen, auszutesten, welches deine Grenzen sind. Der nächste Schritt ist, diese zu überschreiten. Je mehr du ihnen dazu Erlaubnis gibst, desto mehr werden sie diese Grenzen überschreiten. Das ist ein bekanntes Verhaltensmuster von ihnen, das vor allem bei Opfern häuslicher Gewalt üblich ist. Dann versuchen die Manipulierer, ihre Opfer mit schönen, aber leeren Versprechungen wieder zurückgewinnen (auf Englisch „hoovering"[25] vom Einsaugen mit dem Staubsauger), um die Grenzen noch etwas weiter zu überschreiten.

Erkennen: Du fühlst dich jedes Mal ein bisschen mehr missbraucht, was der Autor des Missbrauchs mit mehr oder weniger subtilen Mitteln erreicht.

Abwehren: Wenn der Manipulator das nächste Mal versucht, dich zurückzugewinnen, verstärke deine Grenzen noch. Der Soziopath wird sich nicht ändern, er kennt keine Empathie oder Mitgefühl; er reagiert nur auf die Konsequenzen. Du musst ihn dir also so fern wie möglich halten.

Isolation

Es ist immer einfacher für einen Manipulator, eine Person unter Kontrolle zu haben, wenn sie nicht mit ihren Familienangehörigen oder Freunden in Kontakt ist, die sie um Rat bitten könnte. Dies ist eine weitere Strategie, die Manipulatoren gebrauchen.

Abwehren: Suche immer den Kontakt zu unparteiischen Personen, um die Situation in einem klaren Licht sehen zu können.

Er bringt dich dazu, zu glauben, du willst das, was er will

Diese Art von Manipulation findet vor allem in Beziehungen statt. Wenn wir eine neue Beziehung eingehen, müssen wir uns zunächst kennenlernen und entgegenkommen. Jeder hat seine eigenen Ideen, und in einer gesunden Beziehung ist man kompromissbereit. Mal gibt der eine nach und ein anderes Mal der andere.

Wenn die Situation aber nicht mehr im Gleichgewicht ist, und nur einer der beiden immer nachgeben muss, stimmt etwas nicht. Und wenn zusätzlich der andere auch noch versucht, dem ersten zu diktieren, was er für sich haben möchte (und natürlich den Ansprüchen des Manipulators entspricht), eine Art Gehirnwäsche also, dann geht die Beziehung in eine völlig falsche Richtung.

Erkennen: Du bist meist der- oder diejenige, welche(r) nachgibt, damit dein Partner zufrieden ist, und stellst deine Bedürfnisse zurück. Oft fühlst du dich sogar schuldig dafür, anders zu denken als dein Partner.

Abwehren: Du solltest nicht deine eigenen Überzeugungen aufgeben, sondern eventuell lieber die Beziehung.

Negative bzw. unangenehme Überraschungen

Manchmal werden vom Manipulator zum Beispiel in einer Verhandlung negative Überraschungen eingesetzt, um dich aus dem Gleichgewicht zu bringen und durch den Überraschungseffekt einen psychologischen Vorteil dir gegenüber zu haben. Da diese negative Information mit Absicht unerwartet kommt, hast du keine Zeit, dich darauf vorzubereiten und Alternativen zu finden. Du wirst also normalerweise dazu gezwungen, Zugeständnisse zu machen.

Beispiele:

- Jemand bringt ein sehr niedriges Angebot in einer Ausschreibung oder Verhandlung ein.
- Du wirst auf letzte Minute informiert, dass dein Hauptlieferant nicht rechtzeitig liefern kann.

Dir keine Zeit zur Entscheidung geben

Diese Taktik wird gerne bei Verhandlungen oder wichtigen Verkaufsgeschäften angewandt. Du wirst unter Druck gesetzt, dich zu entscheiden, obwohl du noch nicht fertig für die Entscheidung bist. Der Manipulator hofft so, dass du seinen Forderungen nachgibst.

Beispiel:

- Du suchst schon seit einiger Zeit Arbeit und hast ein Interview. Das Angebot ist allerdings sehr schlecht. Der Personalchef drängt dich, eine Entscheidung zu treffen, da er angeblich noch eine Menge anderer guter Kandidaten hat.

Abwehren: Widerstehe dem Druck und nimm dir die Zeit, die du brauchst.

Killerphrasen

Das sind Sätze, die dazu dienen, Veränderungen zu blockieren und im Keim zu ersticken. Es wird einfach behauptet, dass etwas gut ist, weil es immer so gemacht wurde. Das ist keine konstruktive Lösung. Sie können auch zur Herabsetzung oder Ablehnung einer Person verwendet werden.

Beispiele:

- Das haben wir immer so gemacht.
- Das ist richtig so.
- Wie doch jeder weiß, ...

Erkennen: Killerprasen sollte man als solche erkennen[26], ...

Abwehren: ... und nicht akzeptieren. Es tut keinen Schaden, die bisherige Tradition in Frage zu stellen und andere Aspekte der Angelegenheit zu untersuchen. Lass dich nicht blockieren.

Häufige Wiederholungen

Ja, auch dies ist eine Manipulationstechnik, die vor allem gerne in der Werbung angewandt wird. Denn je öfter wir etwas hören, desto mehr sind wir bereit, es zu akzeptieren, da es uns bekannt vorkommt. Klingt etwas nach Gehirnwäsche? Richtig! Wiederholungen werden beim Lernen gebraucht, um das Gelernte zu festigen. Genauso funktioniert die ständige Wiederholung auch in anderen Bereichen unseres Lebens.

Beispiele:

- Häufige Wiederholung von Werbespots, damit wir etwas kaufen oder ein neues Produkt kennenlernen.
- Jemand wiederholt immer wieder in einer Diskussion seine Meinung, wobei er nur die Formulierung jedes Mal geringfügig

abwandelt. Dies ist außerdem eine Taktik, um die Meinung anderer zu sabotieren.

Knappheit

Diese Taktik ist der vorhergehenden ähnlich. Auch sie zielt darauf ab, das Opfer unter Druck zu setzen und die Kontrolle nicht zu verlieren. Dazu wird Knappheit oder Exklusivität vorgeschützt. Was knapp ist oder als etwas ganz Besonderes angepriesen wird, wird oft besonders interessant, auch wenn es das vorher gar nicht für uns war. „Wer weiß, wann es das wieder gibt ..." Und mit diesem Schlagwort wird oft ein künstlicher Nachfrageengpass geschaffen, der das Geschäft anregt.

Beispiele:

- Die Sonderedition eines exklusiven Füllhalters, nur für ein ausgewähltes Publikum.
- Sonderangebote und Saisonschlussverkauf.

Erkennen: Sind immer die gleichen Produkte sofort ausverkauft? Dann steckt meist etwas dahinter. Setzt dich jemand unter Druck, damit du das Angebot akzeptierst?

Abwehren: Frage dich, ob du das Produkt wirklich benötigst. Wenn nicht, kannst du das Angebot ohne weiteres ablehnen und vergessen.

Wettbewerb

Dies ist eine Strategie, die vor allem von Eltern angewandt wird, um die Erziehung ihrer Kinder leichter zu machen.

Beispiele:

- Beim Mittagessen, wenn man will, dass die Kinder ihren Teller leer essen: „Wer hat zuerst seinen Teller leer?“
- „Wer das beste Zeugnis hat, darf aussuchen, wohin wir in Urlaub fahren.“
- Oder bei getrennten Eltern: „Willst du die Ferien bei mir oder bei deiner Mutter verbringen?“

Aber bei dieser Strategie gibt es immer einen Verlierer, und das beeinträchtigt auf Dauer das Zusammenleben.

Abwehren: Statt den Wettbewerb zu fördern, sollte man die Kooperation und das harmonische Miteinander unterstützen.

Sich aufspielen und selbst aufwerten

Achte darauf, wie jemand mit der Information umgeht. Wer mit Fakten um sich wirft und mit Information und Verfahren erdrückt, versucht wahrscheinlich, dich zu manipulieren. Außerdem können die Fakten und Information selbst manipuliert und übertrieben sein, und es kann dir Information vorenthalten werden.

Mit Fakten um sich werfen & intellektuelles Mobbing

Einige Menschen lieben es, sich aufzuspielen, indem sie mit Fakten, Daten und Statistiken um sich werfen, als ob sie ein Experte auf einem gewissen Gebiete wären. Sie nutzen es aus, dass du evtl. nicht sehr versiert in dem Thema bist. Dieses Verhalten findet vor allem in Verkaufsstrategien und während Finanzberatungen statt.

Die manipulierende Person tut dies, um überzeugender und intellektuell überlegen zu wirken, aber auch, um sich einfach machtvoller als du zu fühlen.

Mit Verfahren und Bürokratie erdrücken

Einige Menschen lieben es, übermäßige bürokratische Verfahren zu verwenden, um ihre Position und Machtstellung künstlich aufrecht zu erhalten. Sie komplizieren dein Leben mit Papierkram, unsinnigen Verfahren, Gesetzen und Satzungen, Sitzungen und Komitees und anderen Blockaden.

Dieses Vorgehen wird häufig verwendet, um das Auffinden von Fakten und die Wahrheitsfindung zu erschweren und einer Überprüfung zu entgehen, aber auch um Fehler und Schwächen zu vertuschen.

Der Autoritätstrick

Manipulierer werten sich gerne selbst auf, indem sie sich mit Titeln schmücken, aber auch durch Namen von bekannten Personen und verschiedenen Statussymbolen Eindruck machen wollen.

Auch wenn der Manipulator selbst kein Experte auf einem Gebiet ist, kann er ja immer noch Autoritäten auf dem Gebiet anbringen und zitieren, auch wenn es alles wahrscheinlich gar nicht so stimmt. Wer sich also nicht sicher ist, sollte sich lieber vorher gut informieren, bevor er jemand anders einfach Glauben schenkt. Und erst recht, wenn uns nicht erlaubt wird, die Aussagen nachzuprüfen.

Beispiele:

- Herr Prof. Dr. Dr. Dr. ....
- Der Chef hat gesagt, ...

- Der vermeintliche Arzt in der Werbung für ein Medikament
- Statussymbole wie teure Uhren, geliehene Luxuslimousinen, etc.
- In einem wichtigen Forschungsinstitut wurde herausgefunden, ...

Der große Auftritt

Manipulatoren benötigen die Aufmerksamkeit anderer, immer und überall. Wenn sie also einen Raum betreten, muss das mit einem großen Auftritt verbunden sein, damit jeder sie bemerkt. Das kann mit positiven oder negativen Gefühlsäußerungen stattfinden. Im Notfalle also mit negativen Äußerungen wie Ärger, Wut oder Leiden, damit jeder auf sie aufmerksam wird und ihnen helfen will. Das ist ihre Ouvertüre.

Abwehren: Wenn dich dieses Theater stört, verlass den Raum. Ruiniere deine gute Energie nicht durch die negative des Manipulators.

Manipulation der Wahrheit

Hier zeige ich dir verschiedene Varianten der Manipulation, die alle mit dem Verdrehen der Wahrheit zu tun haben, um dich irre zu führen.

Beispiele dafür sind: Lügen, Entschuldigungen machen, doppelzüngig reden, Verzerrung der Wahrheit, Über- und Untertreibung, strategische Bekanntgabe oder Zurückhaltung von Schlüsselinformation, einseitige Betrachtung eines Problems, usw.

Erkennen: Wie kann man feststellen, ob jemand lügt, etwas verheimlicht oder die Wahrheit verdreht?

Achte auf sein Verhalten! Wenn jemand ein Benehmen an den Tag legt, das bei ihm nicht normal ist, sich besonders unstet, nervös oder *cool* aufführt, unruhig ist oder ein unbehagliches Benehmen zeigt, lügt er dich wahrscheinlich gerade an oder hat dies vor kurzem getan. Beobachte ihn!

Abwehren: Menschen, die chronische Lügner sind, solltest du auf Dauer und so weit wie möglich vermeiden. Du kannst ihnen zu verstehen geben, dass du ihnen nicht glaubst, sie durchschaut hast und weißt, dass ihre Geschichten erfunden sind, aber du wirst sie wahrscheinlich nicht ändern können.

Lügen

Gewissenlose Manipulatoren lügen ständig über alles, was in ihrem Leben passiert. Sie lieben dies, denn so können sie ihre Opfer verwirren und auf den falschen Weg führen. Diese Manipulationstechnik wird häufig verwendet, weil die Manipulatoren keine Skrupel haben und glauben, die anderen können ihre Lügen nicht nachvollziehen.

Normalerweise sind es erfahrene Manipulatoren, die diese Technik verwenden. Sie wissen, wie sie den anderen die Lügen präsentieren müssen, damit sie nicht erwischt werden. Zumindest im Moment der Lüge ist es für die anderen schwer, festzustellen, dass gelogen wird, und wenn die Wahrheit nachher herauskommt, ist es wahrscheinlich schon zu spät.

Erkennen: Wer das Risiko, belogen zu werden, minimisieren will, sollte verstehen, dass es einige Persönlichkeitstypen wie z. B. Psychopathen gibt, die Spezialisten auf dem Gebiet der Unwahrheiten sind und dies auf sehr überzeugende Art und Weise tun.

Die Wahrheit nicht komplett erzählen

Dies ist eine Schwester der Lüge und eine subtile Form der Unwahrheit. Der Manipulator wird dir nur selektiv den Teil der Geschichte erzählen, der für ihn von Vorteil ist. Ein wichtiger Teil des Geschehens wird dir vorenthalten, weil der Manipulator weiß, dass du so im Nachteil bist.

Beispiel:

- Diese Manipulationstechnik wird auch in der Werbung häufig gebraucht.

Erkennen: Du solltest mehr auf das achten, was dir nicht gesagt wird, als auf die Information, die freiwillig gegeben wird. Informiere dich auch ein wenig über die Interessen des Manipulators. Das kann dir interesssante Aufschlüsse geben.

Abwehren: Es hilft oft, etwas mehr zu recherchieren, um sich besser zu informieren.

Die Wahrheit verdrehen oder zurechtbiegen

Diese Taktik wird oft von Politikern und Figuren des öffentlichen Lebens verwendet, um die „Wahrheit" in die Richtung zu „biegen" und zu verdrehen, die ihnen in ihre Pläne passt. So wird eine Version der Realität geschaffen, die ihren Zwecken dient und möglicherweise auch ein verwerfliches Verhalten von ihnen verschleiert. Im Fachjargon wird das *„Spinning"* genannt, wobei die Taktik ist, die Wahrnehmung eines Ereignisses durch die Öffentlichkeit zu verändern, damit sie eine weniger negative Auswirkung hat.

Aber auch im privaten Bereich wird diese Taktik viel von Manipulatoren gebraucht, da sie nicht akzeptieren können, dass man sie für etwas verantwortlich macht. Sie verdrehen daher die Tatsachen so sehr, dass du am Ende an dir selbst zweifelst. Ein Manipulator wird sich nicht für sein Fehlverhalten entschuldigen, es akzeptieren oder korrigieren, sondern wird dich für die Situation schuldig fühlen lassen. Das ist fast noch schlimmer als sich nicht zu entschuldigen.

Beispiele:

- Eine Firma verkauft Kindersitze für das Auto, die größere Sicherheitsprobleme aufweisen. Um das eigene Problem zu vertuschen, wird auf die fehlende Sicherheit der Fabrikate des Hauptkonkurrenten hingewiesen.
- In politischen Kampagnen wird absichtlich nur die Information der Gegenpartei durchgelassen, die für sie negative Auswirkungen hat.
- Du hast dich mit einem Freund verabredet, um am Freitagabend einen neuen Film zu sehen, aber du stehst alleine vor dem Kino und wartest vergebens auf ihn. Als du ihn am nächsten Tag darauf ansprichst, entschuldigt er sich nicht für sein Benehmen, sondern sagt nur: "Du weißt doch, wie sehr ich im Büro unter Stress stehe. Ich weiß gar nicht, wie du überhaupt auf die Idee kommst, dass wir ins Kino gehen sollten. Du solltest auch mal an andere denken." Im besten Falle bekommst du eine Pseudo-Entschuldigung wie: „Wie schade, aber ich bin wirklich sehr unter Stress und musste bis Mitternacht arbeiten. Mal sehen, wann es wieder möglich ist."

Erkennen: Wenn du das Gefühl hast, dass eine Entschuldigung unaufrichtig ist oder du stattdessen Antworten bekommst, die defensive Ausreden oder Schuldzuweisungen sind, hast du es mit einem Manipulator zu tun. Es interessiert ihn wenig, was seine Zusage war, denn er kennt nur seine eigenen Interessen.

Abwehren: Du wirst wahrscheinlich etwas Zeit brauchen, dies zu erkennen, aber du solltest es nicht zulassen. Denn wenn du dieses Verhalten akzeptierst, gibst du dem anderen mehr Macht und er wird es von neuem tun. Mach ihm klar, dass Versprechen heilig sind, eine echte Entschuldigung vorbehaltlos ist und eine Verhaltensänderung mit sich bringen muss.

Die Wahrheit verleugnen

Dies ist oft die einfachste Form eines Manipulators, eine Person zu manipulieren. Es ist für den Manipulator einfach, die Wahrheit oder die Tatsachen, die ihm vorgeworfen werden, zu verleugnen und nicht zu akzeptieren, dass er das jemals gesagt oder getan hat. Er verzerrt die Fakten, um seine eigenen Argumente zu stützen und wird dir die Schuld geben und dich sogar in den Verdacht bringen, dass du vergesslich und schwierig bist und lächerlich reagierst. Du wirst dich möglicherweise selbst in Zweifel stellen.

Beispiel:

- Du kannst zum Beispiel mit einer Person vereinbart haben, die Haushaltskosten zu teilen. Nachher stellt sich aber heraus, dass du fast alles alleine bezahlst. Wenn du den anderen darauf ansprichst, wird er behaupten, dass er das nie gesagt hat.

Erkennen: Wenn du ein gutes Gedächtnis hast, ist das Erkennen dieser Situationen leicht, auch wenn du anfangs an dir selbst zweifelst. Aber wenn du keine Aufnahme oder Zeugen von der Abmachung hast, steht dein „schlechtes Gedächtnis" gegen seine Lügen.

Abwehren: Wenn du diese Lockvogeltaktik öfter in einer Beziehung feststellst, schreibst du am besten jedes Mal auf, was ihr besprochen habt, setzt das Datum darauf und hältst es an einem sichtbaren Ort fest. Das kann die andere Person zwar verärgern, da du dein Vertrauen in sie in Frage stellst, aber es wird schwierig, dass sie das Ausgemachte nachher verleugnet.

Minimisierung

Bei dieser Taktik wird die Wahrheit in einer sehr speziellen Form verneint. Der Manipulator behauptet, dass sein Benehmen nicht so schlimm oder schädlich ist, wie der andere es sagt. Seine Erklärung kann zum Beispiel sein, dass alles nur ein Scherz war. Damit nimmt er seinem Verhalten nicht nur die Bedeutung, sondern gibt seinem Opfer auch noch die Schuld, weil es angeblich zu heftig reagiert oder überempfindlich ist.

Selektive Nichtbeachtung oder selektive Beachtung der Tatsachen

Eine andere Art des Beeinflussens der Wahrheit ist, dass der Manipulator sich weigert, Dinge zu sehen, die nicht in sein „Programm" passen.

Beispiel:

- „Davon will ich nichts hören."

Übertriebene Offenheit

Auch eine scheinbar übertriebene Offenheit sollte dir zu denken geben. Der Manipulator will dadurch auf der einen Seite ehrlicher wirken als er wirklich ist. Auf der anderen Seite verpflichtet er sein Opfer aber dadurch auch dazu, mehr Information über sich selbst preiszugeben, was dann ohne Bedenken vom Manipulator ausgenutzt wird.

Sprachliche Gewandtheit

Es ist immer von Vorteil, sich sprachlich gewandt ausdrücken zu können. Aber wenn die Fähigkeit ausgenutzt wird, um andere zu manipulieren, dann sollte man vorsichtig werden. Dabei nutzen die

Manipulatoren ihre Sprachgewandtheit, um Fakten zum Manipulieren und sich selbst der Verantwortung zu entziehen. Klare Aussagen sind Mangelware.

Ablenkungstaktiken

Ablenkungsmanöver sind eine beliebte Taktik von Manipulatoren, um sich aus der Verantwortung zu befreien.

Ablenkungsmanöver

Bei einem Manipulator bekommst du keine klare Antwort auf eine klare Frage. Vor allem, wenn er für etwas verantwortlich gemacht wird, lenkt er die Unterhaltung in null Komma nichts in eine völlig andere Richtung, die ihm nützen kann und der Verantwortung entzieht. Diese Manipulationstechnik zielt darauf ab, dir den Wind aus den Segeln zu nehmen. Dabei kann der Manipulator auf Ereignisse weit aus der Vergangenheit und jeglicher Art, die also nichts mit dem aktuellen Thema zu tun haben, zurückgreifen.

Das heißt nicht, dass das neu aufgebrachte Thema nicht wichtig ist. Es hat einfach nur nichts mit dem gegenwärtigen Gesprächsgegenstand zu tun und sollte in einem anderen Moment diskutiert werden.

Beispiel:

- Du sprichst davon, dass du am Abend vorher vergeblich auf deinen Freund gewartet hast, und er bringt einen Fehler auf, den du vor fünf Jahren gemacht hast. Wenn du darauf eingehst, hat er es geschafft, das Gespräch in eine andere Richtung zu lenken.

Erkennen: Meist werden diese Ablenkungsmanöver durch Fragen wie „Und was war, als …" eingeleitet, die völlig vom Thema abweichen.

Abwehren: Lass es nicht zu, dass der Manipulator dich vom Thema abbringt. Komm dazu einfach jedes Mal wieder zurück zu dem Punkt, über den ihr anfänglich spracht, wie eine kaputte Schallplatte. Sag ihm einfach: „Um das Thema geht es jetzt nicht. Bleiben wir bei dem eigentlichen Problem." Wenn er dazu nicht bereit ist, vergiss es und nutze deine Energie für etwas Sinnvolleres. Es lohnt sich nicht, mit so jemand die Zeit zu verschwenden.

Ausweichmanöver

Diese Taktik ist ähnlich wie die Ablenkungsmanöver, aber es werden nur irrelevante, weitläufige, vage Antworten gegeben und leere, nichtssagende Worte gebraucht.

Sich dumm stellen

Dieses ist eine typische Strategie von beiden, Kindern und Erwachsenen. Man tut so, als ob man nicht weiß, was der andere will, oder als ob man ihn nicht versteht. Damit erreicht der Manipulator häufig, dass der andere das erledigt, was die Verantwortung des Manipulators war.

Diese Taktik wird auch verwendet, wenn er Manipulator nicht von einem wichtigen Thema sprechen will. Er gibt vor, nicht zu wissen, worum es geht, und beabsichtigt so, aus der Verantwortung herauszukommen.

Beispiele:

- Kinder wollen eine Hausaufgabe nicht machen und sagen, sie verstehen nicht, wie sie geht. Wenn sie Glück haben, werden die

Eltern einspringen und sie ihnen machen oder zumindest bei der Lösung helfen.

- Erwachsene, die für etwas, das sie getan haben, nicht verantwortlich gemacht werden wollen, stellen sich dumm und vermeiden so vielleicht die Konfrontation.

Den Unschuldigen spielen

Ein guter Manipulator wird perfekt das größte Erstaunen und absolute -Verwirrung vortäuschen, wenn er wegen eines Fehlverhaltens bezichtigt wird. Seine Überraschung wird so überzeugend sein, dass er sein Opfer dazu bringt, an seinem eigenen Urteil und gesundem Menschenverstand zu zweifeln.

Dazu wird ein Manipulator wahrscheinlich mit einem scheinbar harmlosen Kommentar beginnen, der auf den ersten Blick ganz vernünftig aussieht. Du fühlst dich also sicher. Das Ganze wird aber in einer Machtprobe enden, da der Manipulator Respekt nicht kennt, aber deine Unsicherheiten und was dich aus dem Gleichgewicht bringt, gut studiert hat. Wenn du dich darauf einlässt, wird er sich zufrieden zurücklehnen und mit ganz unschuldigem Gesicht fragen, ob alles in Ordnung ist, oder dir sagen, dass er dich nicht unter Druck setzen wollte.

Diese gespielte Unschuld zielt darauf ab, dich zu überrumpeln. Und wenn du dein Gegenüber noch nicht genug kennst, wirst du vielleicht wirklich glauben, dass er es nicht so meinte. Bis er es mehrfach wiederholt.

Beispiele:

- Übliche Beispiele für das Ködern sind provokative Aussagen, nicht nachweisbare Verallgemeinerungen, verletzende Beschuldigungen und Beschimpfungen

Erkennen: Es ist gut, auf dein Bauchgefühl zu achten, um zu vermeiden, dich auf solche Situationen einzulassen und ködern zu lassen. Wenn du dich aus der Bahn geworfen fühlst, handelt es sich wahrscheinlich um so einen Fall. Es hilft, zu wissen, welche Art von Ködern der Manipulator verwendet.

Abwehren: Versuche, etwas Abstand zu nehmen und die Situation neu zu bewerten, bevor du eine Antwort gibst.

Verallgemeinerungen und pauschale Aussagen

Manipulatoren haben oft kein Interesse, einen anderen Gesichtspunkt als den eigenen zu betrachten. Sie verallgemeinern daher alles, was ihnen nicht passt (oder sie nicht verstehen), durch pauschale Aussagen. Dadurch machen sie unbequeme Aussagen ungültig. Diese Art von Abschweifungen kann bewirken, dass eine Angelegenheit völlig verschleiert wird.

Auch in von Missbrauch geprägten Beziehungen wird diese Taktik häufig verwendet. Wenn das Opfer sich über ein inakzeptables Verhalten beklagt, bekommt es einfach Antworten wie „Du bist ja nie zufrieden." Oder „Du bist viel zu sensibel." Damit wird die eigentliche Tatsache für ungültig erklärt.

Beispiel:

- Wenn bekannte und von der Gesellschaft geachtete Persönlichkeiten kriminelle Handlungen begehen, wird oft gesagt, dass es auch viele unberechtigte, falsche Beschuldigungen gibt, womit versucht wird, der Anschuldigung die Wichtigkeit zu nehmen oder sie sogar ungültig zu machen. Es ist natürlich richtig, dass es auch immer falsche Beschuldigungen gibt, aber sie sind die Minderheit. Jedoch wurde es so wahrscheinlich erreicht, die Aufmerksamkeit von dem Täter abzulenken.

Erkennen: Beobachte, ob der Manipulator Schwarz-Weiß-Denken oder eine unlogische Denkweise an den Tag legt.

Abwehren: Bleibe bei dem, wovon du weißt, dass es richtig ist, und akzeptiere keine pauschalen, verallgemeinernden Aussagen.

Verunsichern

Ein Manipulator, der dich verunsichern kann, hat den Vorteil, dass er die Kontrolle über die Situation hat.

Falsche Darstellung deiner Gefühle und Gedanken, die ans Absurde grenzen

Ein Manipulator hat keine Bedenken, deine Meinungen und Gefühle als Charakterschwächen und Irrationalität deinerseits auszulegen. So werden deine Aussagen ins Lächerliche gezogen oder verabscheulicht. Wenn du ihm zum Beispiel sagst, dass es dir nicht gefällt, wie er mit dir spricht, bekommst du wahrscheinlich die Antwort: „Na, und du denkst, du bist perfekt?“ Oder: „Jetzt bin ich eine schlechte Person?“ So nehmen sie deinen Gefühlen und Ansichten die Kraft und lassen dich schuldig fühlen, wenn du sie äußern willst, bis du zu dem Punkt kommst, wo du nichts mehr sagst.

Eine andere Art, deine Aussagen zu verdrehen, ist das sogenannte „Gedankenlesen“, worin diese Manipulatoren scheinbar ausgesprochen gut sind. Bevor du überhaupt etwas sagen kannst, wissen sie angeblich schon, was du denkst und fühlst, sagen dir das und legen dir Worte in den Mund. Du wirst von ihnen beschuldigt, sie als „giftige Menschen“ anzusehen, bevor du überhaupt etwas sagen konntest. Sie gehen also schon präventiv in die Verteidigung.

Abwehren: Sage dem Manipulator, dass du dies nie gesagt hast, und gehe weg, wenn die Person dich weiterhin beschuldigt. Wichtig ist, dass du klare Grenzen setzt.

Minimisierung deiner Probleme

Für einen Manipulator sind nur seine eigenen Probleme wichtig. Er wird also deine Angelegenheiten und Gefühle immer minimalisieren und als unbedeutend abstempeln, um so seinen eigenen mehr Bedeutung zukommen zu lassen. Die Idee ist, dass du das Gefühl hast, deine Probleme und Sorgen sind nicht gerechtfertigt und dass du ein egoistischer Mensch bist.

Beispiel:

- Du erzählst deinem Partner nach Feierabend, was für einen schwierigen Tag du mit den Kindern hattest. Statt dich anzuhören, sagt er nur: „Meinst du wirklich, dass du ein anstrengendes Leben hast? Du solltest mal in meiner Haut stecken und den ganzen Tag im Büro sitzen müssen. Dann wüsstest du, was ein anstrengender Tag ist. Du kannst froh sein, alle Tage in Ruhe zu Hause verbringen zu dürfen!"

Erkennen: Ein Manipulator wird deine Probleme und Einwände auf seine Minimisierung nicht akzeptieren. Er wird dir nur Egoismus vorwerfen und versuchen, dass du dich deshalb elend fühlst.

Abwehren: Wenn du mit wirklich egoistischen Personen zu tun hast, kannst du nicht viel machen. Am besten lässt du sie links liegen und sprichst mit einer mitfühlenderen Person über deine Probleme und Gefühle.

Dritte ins Spiel bringen

Wenn jemand die Meinung, den Blickwinkel oder die mögliche Bedrohung einer dritten Person mit ins Spiel bringt, wird das als Triangulation bezeichnet[27]. Diese Taktik wird oft verwendet, um der Aussage eines Manipulators Kraft zu verleihen und dem Opfer seine Macht zu nehmen, aber auch um Dreiecksbeziehungen herzustellen. Die Idee des Manipulators ist, von seinem missbräuchlichen Verhalten abzulenken und dir ein falsches Bild von ihm zu geben als eine Person, die von allen gemocht und unterstützt wird. So bringt er dich aus dem Gleichgewicht. Er bringt dazu Familienmitglieder, Freunde, Arbeitskollegen und andere ins Spiel, eigentlich egal wen.

Du wirst verunsichert, ob das, was du denkst, und wie du handelst, richtig ist. In Wirklichkeit ist es aber so, dass der Manipulator die falschen Aussagen über andere benutzt, um dich zu ködern, und ebenso über dich diese Verleumdungen erzählen wird. Er benutzt die Personen nur für seine Zwecke.

Beispiele:

- Dein derzeitiger Partner kann zum Beispiel sagen, dass seine Ex so nie gehandelt hätte wie du. Du fühlst dich nun in Frage gestellt und wirst vielleicht sogar eifersüchtig.
- Bei der Arbeit kann dein Chef dir sagen, dass alle anderen Abteilungsleiter, die vor dir die Stelle besetzt haben, auch am Wochenende freiwillig gearbeitet haben.
- Oder er sagt dir, dass unsaubere Methoden von allen Konkurrenten angewandt werden, wenn du dich weigerst, dasselbe zu tun.

Erkennen: Das Erkennen dieser Triangulation ist auf Anhieb nicht unbedingt einfach, da sie versteckt und hinterhältig gemacht wird, wodurch du zunächst einmal Selbstzweifel bekommst. Wenn diese Art von Vergleichen mit Dritten aber öfter ins Spiel gebracht wird, solltest du hellhörig werden.

Abwehren: Drehe den Spieß um und suche Unterstützung bei einem Dritten, der nicht Teil des perversen Spiels des Narzissten ist. Falls möglich, suche die Bestätigung von den vermeintlichen Dritten, die der Manipulator erwähnt. Lass den Manipulator aber auch wissen, dass du über sein Spiel informiert bist.

Was viele sagen, muss richtig sein

Ja, leider reagieren wir Menschen so, und die Manipulatoren nutzen das aus. Wenn die Mehrheit der Leute etwas anderes behauptet als wir, dann kommen uns Zweifel, ob unsere Aussage wohl richtig ist. Da muss doch was dran sein, wenn so viele derselben (anderen) Meinung sind.

Beispiele:

- Gekaufte Referenzen und Rezensionen im Internet
- Werbeslogans wie „Das beste (oder meistgekaufte) Handy auf dem Markt“
- Audios mit Gelächter oder Applaus, um dasselbe von den Zuschauern zu erhalten

Erkennen: Du bekommst Druck von Gruppen.

Abwehren: Lass dich nicht unter Druck setzen, prüfe die Richtigkeit deiner Meinung und stehe dann zu ihr. Erkenne, was für dich wichtig ist.

Verwirrungstaktiken

Verwirrungstaktiken helfen, dich aus dem Gleichgewicht zu bringen. Und darin ist der Manipulator Spezialist. Er möchte dir das

Nachdenken erschweren, damit du nicht dahinter kommst, was seine Strategien sind.

Die Spielregeln ändern

Der englische Name dieser Taktik ist übersetzt „Die Torpfosten bewegen", und mit dieser Metapher ist es leicht zu verstehen, worum es geht. Diese Art von Manipulator bewegt immer das Ziel und ändert die Bedingungen, um dich aus dem Gleichgewicht zu bringen[28].

Du glaubst, du kennst die Spielregeln, aber du merkst schon sehr bald, dass dem nicht so ist. Der Manipulator ändert sie jedes Mal von neuem, und egal, was du tust, du wirst immer wieder als der Sündenbock dastehen, und die Ansprüche werden jedes Mal höher oder komplett geändert werden. Dem Manipulator fällt bestimmt immer wieder etwas Neues ein.

Damit bezweckt er, dass du um seine Zustimmung und Bestätigung wetteiferst, obwohl du nie das Endziel erreichen kannst und auch trotz aller verzweifelten Versuche keine bessere Behandlung von ihm erhalten wirst. Du fühlst dich klein und unwürdig.

Beispiele:

- Wenn die Kinder Fußball spielen und eine Mannschaft verliert, kann es sein, dass die Verlierermannschaft plötzlich neue Regeln erfindet. Sei es, dass das Tor verkleinert wird, nur noch mit dem linken Fuß geschossen werden darf oder nur noch von weit weg, es gibt bestimmt irgendwelche neuen Regeln, die es erschweren können, dass der Gegner noch mehr Tore schießt.
- Ähnliche Strategien gibt es auch im Leben der Erwachsenen. Diese Strategie wird oft in der Arbeitswelt angewandt. Zuerst wird ein Ziel A gesetzt; wenn du es erreicht hast, wird es zu B erweitert, und so immer weiter fort. Du schaffst es einfach nicht, die Ansprüche zu erfüllen.

Abwehren: Der Manipulator will, dass du dich schwach fühlst. Erinnere dich an deine Stärken und gib dir selbst die notwendige Bestätigung. Gehe nicht auf das unfaire Spiel ein.

Übermäßige Kritik

Diese Taktik ist der vorhergehenden ähnlich, nur dass du hier ständig kritisiert wirst. Nichts ist richtig. Es handelt sich aber nicht um eine positive Kritik, die vielleicht konstruktiv wäre, sondern es geht darum, deine Anstrengungen systematisch zu nullifizieren und dein Selbstvertrauen und Selbstwertgefühl zu schwächen. Du hast daher das Gefühl, dich immer wieder selbst beweisen zu müssen, und auf Dauer fühlst du dich minderwertig, was der Manipulator genau erreichen will, um dich kontrollieren zu können.

Abwehren: Es lohnt sich nicht, mit so einer Person zu argumentieren. Was sie will, ist, dass du in der Defensive bist. Also solltest du genau das nicht tun. Das wäre nur Wasser auf ihre Mühlen. Stattdessen frage ihn nach mehr Kritik; damit nimmst du ihr den Wind aus den Segeln.

Gaslighting

Das *Gaslighting* ist eine Art von psychologischem Missbrauch, bei dem der Manipulator das Opfer so verunsichert und desorientiert, dass seine Wahrnehmung der Realität verformt und seine geistige Gesundheit in Frage gestellt wird.

Der Begriff ist aus den beiden englischen Wörtern *gas* und *lighting* zusammengesetzt, also Gasbeleuchtung, und wurde von dem Film und Theaterstück mit dem englischen Namen *Gaslight* übernommen. Auch wenn der Titel des Films mit Ingrid Bergmann auf Deutsch *Das Haus der Lady Alquist* hieß, wird der englische Originaltitel auch im

Deutschen normalerweise beibehalten, um diese Manipulationstechnik zu bezeichnen.

Bei dieser Technik wird von einer Person systematisch gegenüber dem Opfer und über einen längeren Zeitraum etwas wiederholt oder behauptet, was bei der anderen Person bewirkt, dass sie ihre Wahrnehmungen in Frage stellt, nach dem Motto „Das stimmt doch nicht." Damit dies funktioniert, ist wichtig, dass das Opfer seinen Täter kennt und ihm vertraut. Das Opfer beginnt dann irgendwann, an sich selbst und seinem Verstand zu zweifeln und sogar verrückt zu werden bzw. dem Manipulator mehr zu trauen als sich selbst[29],[30].

Zusätzlich kann der Manipulator noch Dritte, die das Opfer kennt, in das Spiel miteinbeziehen, die ihn in seinem Vorhaben bestätigen.

Das Selbstvertrauen des Opfers wird durch dieses Vorgehen unterminiert und die Person vom Rest der Welt isoliert.

Dieses Vorgehen wird häufig verwendet, auch wenn die Täter nicht wirklich intellektuell diese Methode kennen. Das bedeutet aber nicht, dass sie nicht bewusst die Strategie anwenden, um auf den anderen Macht auszuüben.

Beispiele:

- Du behauptest, dass der andere etwas getan oder gesagt hat, was nicht stimmt.
- Der Manipulator sagt, dass etwas Reelles nicht stattgefunden hat.
- Dein Partner redet dir ein, dass du nicht gut in einem Thema bist, bis du es ihm glaubst.
- Eine sehr starke Form dieser Art von Manipulation ist es, dass er im Haus Dinge umstellt, wie zum Beispiel die Post woanders hinlegt, die Haustürschlüssel an einen unüblichen Ort legt und dann den anderen beschuldigst, zerstreut zu sein.

Erkennen: Du kommst an den Punkt, wo du dich fragst, ob der andere Recht hat oder ob du an das glauben kannst, was du erlebst und durchmachst. Der Manipulator wird versuchen, dich zu überzeugen, dass er Recht hat und nicht du.

Abwehren: Es ist notwendig, dich selbst zu „erden", um zu sehen, was deine Realität ist. Falls notwendig, schreibe auf, was passiert, oder besprich es mit Freunden, um Unterstützung zu haben.

Unsinnige und absurde Unterhaltungen

Mit einem manipulativen Narzissten kann man keine sinnvollen Gespräche führen. Sie verwandeln jede Unterhaltung in einen widersinnigen Dialog, der meist in einem Monolog von ihnen endet.

Wenn du mit einem Narzissten argumentierst und glaubst, mit logischen Bemerkungen und Schlussfolgerungen weiterzukommen, irrst du dich. Er wird Scheinargumente, Projektionen, *Gas lighting* und Gespräche, die sich im Kreis drehen, verwenden, um dich zu desorientieren und vom eigentlichen Gesprächsthema abzulenken, sobald deine Meinung nicht mit seiner übereinstimmt. Für ihn ist das immer eine Bedrohung.

Durch diese Verwirrungstaktiken versuchen sie, dich zu diskreditieren, zu frustrieren und zu verwirren, aber vor allem abzulenken. Du wirst schon nach kurzer Zeit an den Punkt kommen, dass du nicht mehr weißt, wie dieses unsinnige Gespräch überhaupt begonnen hat, dass die Erde flach und nicht rund ist. Und am Ende kommen auch noch deine Vorfahren ins Spiel ...

Du musst bedenken, dass, wenn du mit einem Narzissten sprichst, sein Ego und seine Integrität von dir in Frage gestellt werden, wenn du einer anderen Meinung bist als er. Er fühlt sich angegriffen.

Abwehren: Versuche nicht, mit so einer Person zu diskutieren, und noch weniger macht es Sinn, dass du dich schuldig fühlst. Sobald du spürst, dass das Gespräch aus den Bahnen gerät, solltest du deine Energie für etwas Nützlicheres verwenden. Erspare dir die Probleme.

Häufige Stimmungsschwankungen

Manipulatoren benutzen häufig diese Technik. So weißt du nie, woran du bist. Der Manipulator bringt dich aus dem Gleichgewicht und kann dich nach seinen Vorstellungen formen. Dazu muss er nur ständig die Stimmung wechseln, und du weißt nicht mehr, was los ist.

Beispiel:

- Du weißt nie, wie dein Partner gestimmt ist, wenn er nach Hause kommt. Einmal ist er gut zufrieden, ein anderes Mal schlechtgelaunt oder wütend, und es gibt keinen klaren Grund dafür. Du hast das Gefühl, dich nie anpassen zu können.

Love Bombing und Abwertung

Love Bombing ist der Ausdruck für eine Strategie der emotionalen Manipulation, bei der das Opfer zunächst mit Aufmerksamkeit und Liebe überschüttet wird, um dann nachher fallen gelassen und abgewertet zu werden[31].

Es gibt zwei Varianten dieser Strategie:

Bei der ersten wird die Person zunächst vom Manipulator idealisiert und mit Zuneigung überhäuft. Natürlich freut sich das Opfer, so liebenswürdig behandelt zu werden. Es fühlt sich wie auf Wolken gebettet. Wenn der Narzisst es an der Angel hat, kommt der zweite Teil der Behandlung. Das Opfer wird nun ohne jegliche logische Erklärung ständig abgewertet und gekränkt. Dabei werden normalerweise gerade die Dinge, die vorher als so positiv hervorgehoben wurden, nun verteufelt.

Solange alles bestens verläuft (nach Auffassung des Manipulators), wirst du sehr gut behandelt. Wenn du aber etwas tust oder sagst, was ihm nicht gefällt, zum Beispiel etwas Abstand oder Unabhängigkeit gebrauchst, beginnt der zweite Teil der Strategie, die Abwertung. Du wirst also für dein „Fehlverhalten" bestraft. Er möchte eine fügige Person an seiner Seite.

Die andere Variante ist, zum Beispiel den derzeitigen Partner mit Aufmerksamkeit und Liebe zu überschütten, während der oder die Ex die Person ist, die so abgewertet wird. Diese(r) Ex stellt nämlich die Überlegenheit des Manipulators ernsthaft in Zweifel.

Du kannst dir leicht vorstellen, dass diese Behandlung der Ex später auch für dich angewendet wird. Du bist nur noch nicht an diesem Punkt der Beziehung angelangt.

Beides kann natürlich auch für Freundschaften oder in der Arbeitswelt gelten.

Erkennen: Es ist eher nicht normal, dass eine Beziehung so schnell von Null auf Hundert ist.

Abwehren: Ich möchte kein Spielverderber sein, aber lass die Angelegenheit lieber etwas langsamer angehen. Vielleicht wirst du auch ein ungutes Gefühl im Bauch haben, das dir sagt, dass etwas nicht stimmen kann. Höre darauf! Und achte auch darauf, wie dein Gegenüber von anderen Menschen spricht und sie behandelt. Das ist ein guter Anzeiger, wie es dir in Zukunft ergehen kann.

Präventive Verteidigung

Wenn jemand gleich von Anfang an die Tatsache betont, dass er ein wirklich netter Kerl (oder Mädchen) ist und man ihm oder ihr vertrauen kann und seine Glaubwürdigkeit betont, ohne dass dies von dir provoziert wurde, dann solltest du vorsichtig sein.

Um jemanden zu vertrauen, sollte man zum einen die Person erst besser kennenlernen, und zweitens muss ein wirklich netter und sympathischer Mensch nicht sagen oder beweisen, dass er es ist. Er strahlt diese Eigenschaft einfach aus, ohne groß darüber zu reden. Respekt, Freundlichkeit und Vertrauen gibt und erhält man im Gegenzug. Sie erfordern daher keine Bestätigung.

Erkennen: Manipulative Personen, die diese Methode verwenden, werden sich anfangs übertrieben freundlich und mitfühlend zeigen, diese Maske aber auf Dauer nicht aufrechterhalten können und ihr wahres Ich zeigen, dass kalt, berechnend und gefühllos ist.

Abwehren: Frage dich, warum eine Person ihre „positiven" Eigenschaften so hervorheben muss. Weil sie glaubt, dass du ihr nicht vertraust, oder weil du weißt, dass du es nicht tun solltest? In jedem Falle zählen Taten mehr als Worte. Achte also darauf, wie sich die Person benimmt, auch anderen gegenüber, und schenke ihren Worten nicht viel Wert.

Andere psychologische Strategien

Logischerweise gibt es hiervon mengenweise, da sie angewandt werden, wenn die anderen Strategien nicht mehr funktionieren. Auf der Gefühlsebene sind viele Menschen sehr empfindlich, und das wird von den Manipulatoren schamlos ausgenutzt. So wird deine Kritikfähigkeit minimisiert und du bist eine leichte Beute für den Manipulator. Sein Ziel ist es, dich immer im Ungewissen zu lassen, was passieren kann, und wer er wirklich ist. So nimmt er dir die Kontrolle.

Beispiele:

- Das Ausmalen von traurigen oder angsterregenden Bildern und Szenarien
- Schuldgefühle auslösen
- An die Eitelkeit appellieren, etc.

Das Opfer spielen

Dies ist eine beliebte Taktik von Manipulatoren. Sie stellen sich selbst als Opfer der Umstände dar, um Schutz, Mitleid, Sympathie oder andere Gefallen zu erhalten. Sie nutzen dabei aus, dass wir als freundliche und verantwortungsbewusste Menschen normalerweise anderen Menschen, die leiden, helfen. So empfangen sie unangemessene Vorteile durch Schwindeleien.

Die andere Art, diese Technik auszunutzen, ist, dass der Manipulator sich zum Opfer von Beschuldigungen macht, wenn er in Wirklichkeit der Böse war. Das heißt, er versucht, das Opfer seiner Schandtaten zu verunglimpfen, das nun das Gefühl hat, sich rechtfertigen zu müssen. So liegt der Fokus auf dem Opfer, und der Manipulator sieht vor den anderen Menschen besser aus. Und niemand wird einem „armen Opfer" etwas sagen wollen, nicht wahr?

Beispiele:

- Übertreibung von persönlichen Problemen
- Übertriebene oder vorgeschützte gesundheitliche Probleme
- Abhängigkeit
- Gespielte Schwäche, Gebrechlichkeit oder Machtlosigkeit, um Sympathie zu erwecken.

Schuldgefühle hervorrufen

Diese Taktik ist eine gute Strategie für einen Manipulator, um sein Spiel zu beginnen. Wenn er dich erst dazu gebracht hat, dich schuldig zu fühlen (auch wenn dir nichts vorzuwerfen ist), dann ist der Rest viel einfacher. Menschen mit Schuldgefühlen lassen sich viel einfacher zu etwas zu bewegen, da die Schuld verpflichtet.

Dazu sagt der Manipulator dem Opfer zum Beispiel, dass er das Gefühl hat, dass er ihm egal ist, dass das Opfer immer nur an sich selbst denkt und ähnliches. Damit macht er solange weiter, bis das Opfer seinen unsinnigen Anforderungen nachgibt oder sich wie ein Schuft fühlt. Durch diese Taktik wird das Opfer verirrt, verängstigt und in die Irre geführt, aber auch eingeschüchtert. Und der Manipulator gibt dem Opfer die Schuld dafür, wie er sich fühlt.

Wenn du nicht tust, was er will, bist du kein guter Ehepartner, kein guter Freund, Kind oder Elternteil bzw. du liebst ihn nicht. Vielleicht tust du doch besser, was er will?

Beispiele:

- „Wenn du mich wirklich lieben würdest, würdest du das für mich tun."
- „Geh du nur zu der Feier ohne mich. Ich habe noch viel zu arbeiten und passe dann eben auf die Kinder auf."

Erkennen: Der Manipulator macht dich verantwortlich für seine Gefühle oder sein Verhalten. Er tut so, als ob du die Kontrolle über seine Emotionen hast.

Abwehren: Gib nicht nach und steh zu dem, was du tun willst. Verstehe, dass du nicht der Schuldige bist, sondern der andere dich nur so fühlen lassen will, damit du tust, was er will.

Die Dienerrolle spielen

Bei dieser Strategie wird ein selbstsüchtiges Verhalten als ein Dienst für ein nobles Anliegen getarnt. Es wird eine Autoritätsfigur vorgeschoben, so dass die Situation einen anderen Anstrich bekommt.

Beispiel:

- Ein Angestellter sagt, er handelt nur „im Auftrage“ seines Vorgesetzen, dass dies „seine Arbeit“ sei und er gehorchen müsse.

Schlechtes Gewissen erzeugen

Die Funktionsweise dieses Tricks ist einfach. Der Manipulator tut dir einen kleinen Gefallen, um den du wahrscheinlich gar nicht gebeten hast. Als normaler Mensch fühlt man sich dann verpflichtet, den Gefallen zu erwidern. Und nun nimmt sich der Manipulator das Recht, im Gegenzug einen viel größeren Gefallen zu erbitten. Wenn du nicht dazu bereit bist, wird er sich beschweren, und du wirst ein noch schlechteres Gewissen haben.

Beispiele:

- Ein Kind in einem fremden Land schenkt dir eine Glasperlenkette und erwartet dann, dass du ihm im Gegenzug einen größeren Geldbetrag dafür „schenkst“.
- Der Kellner bedient dich besonders zuvorkommend und erwartet daher auch ein höheres Trinkgeld (was wir ihm dann meist auch geben).

Erkennen: Es ist schön, kleine Gefallen und Geschenke zu erhalten, aber wenn man ein ungutes Gefühl dabei hat, stimmt meist etwas nicht.

Abwehren: Wenn du das Gefühl hast, dass ein Geschenk oder Gefallen mit einem Hintergedanken gemacht wird, nimm ihn nicht an oder, wenn das nicht möglich ist, ohne unhöflich zu sein, fühle dich nicht verpflichtet, etwas im Austausch zu geben. Jeder darf dies freiwillig tun. Du hast ja um keinen Gefallen gebeten.

Beschämen

Wenn du es wagst, etwas gegen einen Manipulator zu äußern oder seine Machtposition in Frage zu stellen, ist eine häufig von ihnen verwendete Taktik, dich herabzusetzen, zu kritisieren und beschämt fühlen zu lassen. So wird dein Selbstwertgefühl geschwächt und du hast Selbstzweifel. Daher wirst du das nächste Mal sicherlich vermeiden, den Manipulator herauszufordern, und tust lieber, was er von dir erwartet, um diese Behandlung zu vermeiden.

Dieses Verhalten kann aber auch vom Manipulator verwendet werden, wenn das Opfer zum Beispiel auf etwas stolz ist. Dann wird es der Manipulator darauf absehen, dass das Opfer sich genau dafür nun schämt. So wird jeglicher Stolz, den ein Mensch haben könnte, gleich im Keim erstickt, und der Manipulator ist wieder das Zentrum der Aufmerksamkeit.

Und noch eine andere Art, dich zu beschämen, ist, dich für deine eigenen negativen Erfahrungen aus der Vergangenheit verantwortlich zu machen, um dich unwürdig und unwohl fühlen zu lassen.

Beispiele:

- „Du solltest dich schämen!"
- Die Augen rollen, ein böser Blick, ein unangenehmer Tonfall.
- Wenn du in der Vergangenheit zum Beispiel das Opfer einer Vergewaltigung warst, wird er dir sagen, dass du bestimmt selbst daran schuld warst, um so etwas zu verdienen.

Erkennen: Um dich beschämt fühlen zu lassen, verwenden Manipulatoren Mimik, subtilen Sarkasmus, indirekte Hinweise und Rhetorik jedes Mal, wenn du es wagst, eine andere als ihre Meinung zu äußern.

Abwehren: Nimm die Beschuldigungen nicht so ernst. Bedenke, dass es nur eine Taktik des Manipulators ist, damit du dich schlecht fühlst, nicht aber die Wahrheit. Des Weiteren solltest du aber Grenzen setzen und dem Manipulator verbieten, so mit dir zu sprechen. Du hast das Recht, das zu denken, was du möchtest. Wenn du jemand noch nicht ausreichend kennst, solltest du es vermeiden, Information über dich preiszugeben, die dieser Mensch gegen dich verwenden könnte.

Projektion

Die Projektion ist ein Abwehrmechanismus. Der Begriff wird in der Psychologie verwendet, um ein Vorgehen zu bezeichnen, bei dem die eigene Schuld auf andere übertragen wird. Der Manipulator will seine eigenen Fehler nicht eingestehen, der Verantwortung entgehen und sucht einen Sündenbock[32],[33].

Der Manipulator gebraucht dazu Lügen und stellt auch diese nachher wieder in Frage, projiziert seine eigenen Charakterzüge auf andere, die sich dafür beschämt fühlen sollen und dies auch meist tun. Der Witz ist, dass das Opfer sich auch wirklich schuldig fühlt.

Beispiele:

- Ein fauler Angestellter wird möglicherweise sagen, dass sein Chef zu anspruchsvoll und streng ist.
- Ein schlechter Geschäftsinhaber, dessen Betrieb nicht gut läuft, wird evtl. seinen Angestellten die Schuld für die Probleme in seinem Unternehmen geben.
- Jemand, der normalerweise unhöflich ist, beschuldigt die anderen, unhöflich zu sein.

Abwehren: Akzeptiere nicht die Schuld der anderen und projiziere auch nicht dein eigenes Mitgefühl auf die Manipulatoren. Denn so gibst du ihnen nur die Erlaubnis, mit ihrem perversen Spiel fortzufahren. Der Narzisst hat normalerweise kein Interesse, sich zu ändern. Daher bleibt nichts anderes übrig, als den Kontakt zu so einer Person so bald wie möglich abzubrechen. Du brauchst nicht für die Unzulänglichkeiten anderer den Kopf hinzuhalten.

Verstärkungen

Als Verstärkung wird etwas bezeichnet, das die Wahrscheinlichkeit erhöht, dass etwas getan wird[34]. Es gibt positive und negative Verstärkung. Dabei bedeutet positiv und negativ nicht die Bewertung, sondern bei positiver Verstärkung wird etwas Angenehmes hinzugefügt, damit man etwas tut (als eine Art Belohnung) und bei der negativen wird etwas Unangenehmes entfernt, wenn man etwas tut. Sie ist also nicht dasselbe wie die Bestrafung.

Verstärkungen funktionieren besser als Bestrafungen.

Positive Verstärkung

Dieses Verhalten zielt darauf ab, dass das Opfer sich sicher fühlt, nicht mehr so wachsam ist und den Eindruck hat, dem Manipulator vertrauen zu können. Dazu gehören Vorgehensweisen wie teure Geschenke machen, Geld geben, loben, schmeicheln, übermäßigen und oberflächlichen Charme anwenden, übermäßig entschuldigen, jemandem viel Aufmerksamkeit und Unterstützung schenken, Zustimmung zeigen und ihn öffentlich anerkennen, aber auch gezwungene und fingierte Gesichtsausdrücke wie ein unechtes Lächeln oder Kopfnicken zeigen.

LOBEN

Lob ist die Anerkennung von Verhalten oder Leistungen durch die verbale oder Körpersprache. Die meisten Menschen sprechen auf Lob sehr positiv an. Wenn wir andere für ihr Verhalten loben, erreichen wir, dass sie dieses Verhalten gerne wiederholen. So erreicht der Manipulator selektiv, dass der andere das tut, was der Manipulator will.

Beispiel:

- Wir loben unsere Kinder für die gutgemachten Hausaufgaben, ein gutes Benehmen o. ä.

Erkennen: Achte darauf, ob nur gelobt wird, um etwas von dir zu erhalten.

OBERFLÄCHLICHER UND ÜBERTRIEBENER CHARME

Einige Menschen sind einfach charmanter als andere, und das ist an sich auch kein Problem. Wenn wir aber von Manipulation sprechen, gebraucht der Manipulator übertriebenen Charme, um etwas zu erhalten oder zu erreichen. Das kann ein Kompliment sein oder ein kleines Geschenk, bevor er mit seiner Bitte herauskommt.

Beispiele:

- Jemand lädt dich zum Essen ein, um dich am Ende um einen Gefallen zu bitten, zum Beispiel, ob du am Wochenende auf seine Kinder aufpasst.
- Dein Partner ist besonders nett zu dir, weil er Geld von dir braucht.

Erkennen: Die Person handelt anders, als du es von ihr gewohnt bist.

Abwehren: Dieses ist eine harmlosere Art der Manipulierung, da du nicht verpflichtet bist, etwas zu tun, nur, weil jemand nett zu dir ist. Du kannst jederzeit nett und höflich Nein sagen.

OBERFLÄCHLICHE ODER VORGETÄUSCHTE SYMPATHIE- UND EMPATHIEBEKUNDIGUNGEN

Psychopathen wissen nicht, was es bedeutet, andere Menschen zu lieben oder Empathie zu zeigen, denn sie können nur sich selbst lieben.

Aber sie können so tun als ob. Dadurch erreichen sie es, dass andere Menschen (zeitweilig) Teil ihres Lebens werden. Und wer freundlich ist, hat es leichter, Gefallen von anderen zu bekommen.

Beispiel:

- Der Verkäufer redet dem Kunden nach dem Mund, versteht ihn perfekt. So entsteht gleich eine viel angenehmere Atmosphäre, die es leichter macht, dass der Kunde sich zum Kauf entscheidet. Bei so einem netten Verkäufer ...

Erkennen: Achte auf ein auffälliges Spiegeln, das ich weiter oben erklärt habe, auch bzgl. deiner Meinungen und Auffassungen.

Abwehren: Du hast immer das letzte Wort.

SCHMEICHELEIEN

Wer eine Person mit Schmeicheleien überschüttet, versucht, ihr Vertrauen zu gewinnen. Das „Opfer" ist natürlich glücklich, solche Komplimente zu hören, wird aber gleichzeitig unvorsichtig. Der Manipulator erreicht mit seinem Verhalten, dass das Opfer sich in seiner Nähe wohlfühlt. Damit ist es schon in seinen Netzen.

Erkennen: Zu viele Schmeicheleien sind immer verdächtig.

Abwehren: Verschließe deine Ohren, so wie die Seeleute von Odysseus auf dem Schiff vor dem Sirenengesang. Kenne dich selbst und gib nicht zu schnell zu viel von dir Preis.

Negative Verstärkung

Bei diesem Vorgehen wird man als „Belohnung", dass man etwas tut, von einer für Situation befreit, die für einen negativ ist.

Beispiel:

- Wenn du dein Zimmer aufräumst, brauchst du die Hausaufgaben nicht zu machen.

Intermittierende Verstärkung

Die intermittierende **negative** Verstärkung ist ein effektives Mittel, um Angst und Zweifel beim Opfer hervorzurufen. Die intermittierende **positive** Verstärkung kann bewirken, dass das Opfer mit etwas weitermacht. Dies wird zum Beispiel bei den Spielautomaten angewandt. Insgesamt sind sie so programmiert, dass sie nie verlieren, aber ab und zu gewinnt der Spieler. Daher macht er weiter.

Bei der Manipulation bewirkt die intermittierende Verstärkung, dass du nie weißt, woran du bist, also immer vorsichtshalber dein bestes Gesicht aufsetzt. Ab und zu bekommst du von dem Manipulator eine freundliche Behandlung wie Lob oder Aufmerksamkeit, aber am nächsten Tag erhältst du dafür Schweigen. So wie eine Art Heiß- und Kaltduschen, wobei aber die kalten überwiegen.

Bestrafungen

Bestrafungen dienen dazu, ein Verhalten zu verringern. Sie können alles sein von ewigem Nörgeln und Beschweren über Herumschreien, Schweigen, Einschüchterungsversuche, Bedrohungen, Kraftausdrücke, emotionale Erpressung, Schmollen und Weinen bis zu physischen Aggressionen und geistiger Misshandlung.

Schweigen

Dies ist eine andere Form des passiv-aggressiven Verhaltens. Deine Anrufe, Nachrichten und E-Mails werden ignoriert, damit du dich unsicher und unwichtig fühlst, oder um dich für ein „Fehlverhalten" zu „bestrafen". Dieses Verhalten ist nicht das gleiche, wie etwas Zeit vergehen lassen, um eine Situation abkühlen zu lassen. Dir wird mit diesem Verhalten des Schweigens gezeigt, dass du eine Kommunikation nicht wert bist. Du wirst machtlos. Dieses Verhalten wird normalerweise so lange fortgesetzt, bis der Manipulator erhält, was er will.

Beispiele:

- Das Schweigen kann auf verbaler Basis, aber auch auf emotionaler und sexueller stattfinden.

Erkennen: Das Schweigen kann durch eine Aktion von dir ausgelöst werden, kann aber auch völlig ohne Anlass geschehen. Wenn du nach dem Grund des Schweigens fragst, wird der andere es wahrscheinlich verleugnen und dir sagen, dass du es dir nur einbildest und verrückt bist.

Abwehren: Der Manipulator will, dass du Angst hast, abgeschnitten, verlassen oder zurückgewiesen zu werden. Zeige ihm, dass du keine Angst davor und keine Probleme damit hast. Sag ihm zum Beispiel: „In Ordnung, ich sehe, dass du jetzt nicht mit mir sprechen willst. Ich werde also weiterarbeiten (oder mit dem Hund spazieren gehen, oder was auch immer) und wenn du Lust hast zu reden, sagst du mir Bescheid."

Aggressionen und Misshandlungen

Wenn alles schief geht, kann der Manipulator immer noch auf die Aggression (jeder Art) zurückgreifen. Hierzu gehören verbale und körperliche Misshandlung und psychologischer Missbrauch.

Daher ist eine Strategie des Manipulators, seine Opfer mit aggressiver Sprache, Bedrohungen oder unverblümtem Zorn einzuschüchtern.

Diese Taktik ist besonders wirksam, wenn das Opfer sich bei Konfrontationen unwohl fühlt und versucht, ihnen aus dem Weg zu gehen. Umso schneller hat dann der Manipulator Kontrolle über sein Opfer.

Beispiele:

- Jedes Mal, wenn du mit deinen Freunden ein Bier trinken gehst, bekommt deine Frau einen Wutanfall.
- Jedes Mal, wenn die Kinder laut sind, schlägt dein Mann die Türen laut zu.

So bekommen die anderen Angst und tun das, was der Manipulator will.

Einige der vorab genannten „Maßnahmen“ eines Manipulators werde ich dir noch im Detail erklären.

Erkennen: Sei dir bewusst, dass fast alle diese Taktiken gespielt sind und darauf abzielen, die Kontrolle über dich zu behalten. Der Manipulator ist einfach ein sehr guter Schauspieler.

Abwehren: Wenn du nicht befürchten musst, physisch angegriffen zu werden, rufe den Manipulator zur Ordnung. Falls dadurch sein Benehmen noch schlimmer wird, lasse ihn alleine. Solch eine Person benötigt professionelle Betreuung, und du solltest nicht weiterhin ihr Benehmen aushalten.

Laut werden und negative Emotionen zeigen

Einige Personen verwenden diese Taktik als eine Form der aggressiven Manipulation, um bei Diskussionen zu beeindrucken. Sie glauben, dass, je lauter sie sind, desto schneller du ihren Forderungen nachgeben wirst. Dieses Geschrei wird häufig mit wilden Hand- und Körperbewegungen kombiniert, um dich noch mehr einzuschüchtern.

Gespielte Wutausbrüche und übertriebene Aggressionen

Manipulatoren gebrauchen Wut und Zorn, um zu erhalten, was sie wollen. Dabei sind sie nicht wirklich zornig, sondern sie haben gut gelernt, einen Wutanfall vom Zaun zu brechen, um zu dich zu terrorisieren. Dieser gespielte Zorn kann verwendet werden, um eine weitere Konfrontation zu vermeiden, wobei der Zornausbruch oft mit Bedrohungen und Erpressungen kombiniert wird. Er kann aber auch gebraucht werden, um abzulenken, damit der Manipulator nicht die Wahrheit sagen muss. Du konzentrierst dich mehr auf seinen Wutanfall als auf das eigentliche Thema. Und du nimmst die gespielte Wut ernst.

Beschimpfungen

Narzissten vergrößern alles künstlich, was sie als gegen ihre persönliche Überlegenheit und bedrohlich empfinden. Nur sie können Recht haben, und wer das nicht anerkennt, wird notfalls beschimpft. Dabei basiert ihre Wut nicht so sehr auf einem niedrigen Selbstbewusstsein, sondern mehr auf einem falschen, aufgeblasenen Überlegenheitsgefühl.

Sie greifen dann auf eines der niedrigsten und einfachsten Mittel zurück, die Beschimpfung, da sie keine bessere Alternative mehr haben, um dich zu degradieren und zu beleidigen. Sie nehmen dir somit das Recht auf eine eigene Meinung und Überzeugung, nennen dich dumm und deine Ansichten und Meinungen idiotisch, auch wenn sie gut fundiert sind.

Abwehren: Es ist wichtig, dass du so einem Manipulator zu verstehen gibst, dass du solch ein Verhalten nicht tolerierst. Beende das Gespräch und nimm die Aussagen auf keinen Fall persönlich. Sie sind nur Ausdruck davon, dass dem anderen die Mittel ausgegangen sind.

Böswillige Bemerkungen, die als Scherz verkleidet sind

Narzissten machen gerne Bemerkungen auf deine Kosten, die als „Witze“ verkleidet werden. So können sie hässliche Dinge über dich sagen oder dich ärgern und dabei so tun, als ob du keinen Sinn für Humor hast, vor allem auch, wenn andere dabei sind[35].

Beispiel:

- Eine typische Antwort des Manipulators nach so einem Witz auf deine Kosten ist: „Ich habe es nicht so gemeint, Schatz! Ich ärgere dich nur ein bisschen!"

Erkennen: Auch, wenn der Manipulator seine Taktik gut beherrscht, kannst du seine versteckten Absichten in seinem Gesicht lesen. Du siehst in seinen Augen und an seinem Grinsen, was er beabsichtigt und wie er das genießt. Beobachte ihn. Er spielt mit dir. Des Weiteren wird sich der Manipulator gerne über dich lustig machen, aber nie oder nur sehr selten über sich selbst. Das ist ein klares Indiz, dass dies nicht ein harmloser Spaß ist.

Abwehren: Mache ihm klar, dass du nicht bereit bist, dieses Verhalten zu tolerieren. Es kann jedoch sein, dass der Manipulator durch deine Abfuhr noch stärker darauf reagiert, dich überzeugen zu wollen, dass doch alles nur ein Spaß ist, und im Notfall solltest du die Beziehung beenden und dich von dieser kranken Person entfernen. Gehe aber auf keinen Fall auf sein perverses Spiel ein.

Herablassender Sarkasmus

Sarkasmus[36],[32] kann für einige eine unterhaltsame Art sein, sich miteinander zu kommunizieren, und andere können ihn hassen. Er ist aber auch ein weiteres Werkzeug, das von einem Manipulator gerne gebraucht wird, vor allem vor Dritten. Dies hat gleich zwei Zwecke. Zum einen wird er benutzt, um dich zu degradieren, deine Selbstachtung herabzusetzen und anderen zu zeigen, wie machtvoll der Manipulator ist.

Zum anderen wirst du auf den Sarkasmus und erniedrigenden Tonfall reagieren. Genau das will der Manipulator, um damit zu offenbaren, wie „überempfindlich" du bist. Daher wirst du jedes Mal mehr darauf achten, was du sagst, und der Manipulator hat seinen Zweck erreicht: Du wirst eine sog. Hypervigilanz an den Tag legen, um deine Meinung ihm gegenüber zu äußern, ohne gleich seinen Unwillen auf dich zu ziehen. So ersparst du ihm die Arbeit, dich zum Schweigen zu bringen. Du schweigst schon freiwillig.

Beispiele:

- Der Manipulator kann sich über dein Auftreten lustig machen.
- Er kann auch auf deine Ausbildung und deinen beruflichen Hintergrund abzielen.

Erkennen: Achte darauf, wie der andere den Sarkasmus verwendet, und ob er ihn nicht missbraucht.

Abwehren: Wenn du mit verstecktem oder offenem Sarkasmus misshandelst wirst, lasse es nicht zu und sag dem Manipulator mit fester und selbstbewusster Stimme, dass du diesen Ton nicht akzeptierst. Auf keinen Fall solltest du dich dadurch aber zum Schweigen bringen lassen. Du hast ein Recht auf eine eigene Meinung und auch, diese zu äußern.

Versteckte und offene Einschüchterungen und Bedrohungen

Bedrohungen und Einschüchterungen können versteckt oder offen stattfinden, auch durch aggressive Ausdrucksweise. Erpressungen gehören ebenfalls zum Repertoire, mit der Bedrohung der Integrität der Person. Mit all dem will der Manipulator erreichen, dich einzuschüchtern und dass du deinen Standpunkt aufgibst, denn er kann es nicht vertragen, nicht Recht zu haben. Das stellt seinen Überlegenheitskomplex in Frage. Für ihn gibt es keinen Kompromiss.

Diese Strategie wird häufig bei häuslicher Gewalt gebraucht: „Wenn du nicht tust, was ich will, ..."

Erkennen: Der Angreifer spricht sehr laut oder beginnt zu schreien, er stellt sich nahe vor dich hin, um dich physisch einzuschüchtern. Wenn er von kleinerer Statur ist, wird er versuchen, sich über dich zu erheben oder hinzustellen, während du sitzt. Wilde Handbewegungen gehören auch dazu, vor allem in deiner Nähe. Jegliche Art von Bedrohung, egal, ob subtil oder offen, wenn du nicht tust, was der andere von dir erwartet, ist eine Alarmglocke, auf die du achten solltest.

Abwehren: Solange es sich um verbale Bedrohungen handelt, zeige dem Manipulator, dass du nicht darauf eingehst. Lasse ihn verstehen, dass du auf sein Geschrei nicht reagierst und halte sein Vorgehen notfalls schriftlich oder als Audio fest und melde es, falls möglich, oder gehe rechtlich vor.

Wenn es sich um physische Bedrohung handelt und du Gefahr läufst, körperlich angegriffen zu werden, solltest du das Weite suchen und, wenn möglich, um Hilfe bitten.

Bedenke jedoch eins: Je mehr du dem Angreifer nachgibst, desto mehr nimmt er sich das Recht, weiterzumachen.

Hetz- und Schmierkampagnen

Wenn Narzissten die Kontrolle über dich verlieren, dann beginnen sie häufig ein passiv-aggressives Verhalten. Sie versuchen zu steuern, wie andere dich sehen, wo du als die schlechte Person etikettiert wirst. Eine

Hetz- und Schmierkampagne ist ein präventiver Angriff, um dich und deinen Namen zu sabotieren, in der Hoffnung, dass du so keine Support-Gruppe mehr hast. So verbergen sie außerdem ihr eigenes missbräuchliches Verhalten, das sie nun dir anhängen. Du erfährst von den Geschichten und Kommentaren, die über dich erfunden werden, häufig erst, wenn es schon zu spät ist, dich zu verteidigen.

Beispiele:

- Dein Partner erzählt deiner besten Freundin, dass ihm nicht schmeckt, wie du kochst, statt es dir direkt zu sagen. Er weiß aber, dass es so irgendwann hintenherum bei dir ankommt.
- Dein Chef erzählt den Lieferanten, dass du überhaupt keine Ahnung hast, wie man eine Einkaufsabteilung führt. Auch wenn die Lieferanten dich kennen und deine Arbeit zu schätzen wissen, hat der Chef erst einmal Unsicherheit und Unzufriedenheit gestiftet.

Abwehren: Ein guter Rat ist, die Verbindung zu solch einer giftigen Person abzubrechen, wenn das möglich ist. Eine andere Empfehlung ist, in solch einem Falle von Verleumdungen immer bei den Fakten zu bleiben und vorsichtig zu sein, wie man reagiert, da man schnell emotional reagiert.

Das gilt besonders auch in Falle von Scheidungen, wo der Narzisst versucht, zu provozieren, um diese Reaktionen nachher gegen einen zu verwenden. Ein guter Anwalt, der sich mit solchen Personen und Verhaltensweisen auskennt, ist anzuraten.

Dokumentiere notfalls all diese Angriffe, die hintenherum stattfinden. Irgendwann wird die Maske fallen und die Integrität für sich sprechen.

Wenn du auf die oben genannten Manipulationstechniken in deinem täglichen Leben achtest, ist es leichter, dich aus den Fängen eines Psychopathen zu befreien.

Aber weitere Tipps gebe ich dir noch im Folgenden.

B. Wie kann man erkennen, dass man es mit einem Manipulator zu tun hat?

Oft wird verschieden interpretiert, was Manipulation ist. Manipulation muss nicht immer schlecht sein, sie kann auch gebraucht werden, um jemand zu helfen. Aber Manipulation findet immer gegen deinen Willen statt.

Wenn du dich wegen der Behandlung einer anderen Person jedoch unwohl fühlst, weil du nicht tust, was sie will, dann kannst du sicher sein, dass Manipulation im Spiel ist. Dies kann sich zum Beispiel als Schuldgefühle, Beschämung oder Angstzustände äußern, aber auch als Verpflichtung, Gewohnheit und vermeintliche Zuneigung.

Manipulation findet zunächst meist versteckt statt, und zwar auf verbaler Basis, als Fragen und Behauptungen, erzählte Geschichten und Vergleiche. Auch der Ton, die Mimik und Gesten spielen eine Rolle. Später kann das Spiel dann gesteigert werden.

Das unheimliche an der ganzen Sache ist, dass du am Anfang wahrscheinlich gar nicht merkst, dass du manipuliert wirst. Der Manipulator hat viel Erfahrung darin, dich langsam aber sicher dahin zu bringen, wo er dich hinhaben will, und das ist nicht sofort offensichtlich.

Ein Manipulator arbeitet immer im eigenen Interesse, nie in dem anderer Menschen. Und er hat es gelernt, versteckt zu arbeiten, damit sein Vorhaben nicht auffällt.

Man kann sagen, dass wir alle irgendwann einmal manipulieren, aber für einen echten Manipulator ist dies eine Routinebeschäftigung. Er hat ein persönliches Anliegen und versucht, die anderen auszunutzen, um dies zu erlangen.

Der Manipulator nutzt dazu immer deine Unsicherheiten aus, weshalb es dir schwerfällt, die Manipulation auf Anhieb zu erkennen. Darum setzen die Manipulatoren Taktiken ein, die Zweifel aufkommen lassen oder um dich auf andere Weise zu überrumpeln. Menschen, die zentriert sind und sich selbst gut kennen, sind schwer zu manipulieren.

Wichtig ist also vor allem, sich selbst gut zu kennen. Lerne daher, deine eigenen Werte und Prioritäten zu erkennen und zu respektieren.

Achte auf die Zeichen und vermeide, das Opfer eines Manipulators zu werden.

Hinweise, es mit einem Manipulator zu tun zu haben

Hier gebe ich dir einige allgemeine Hinweise, an denen du erkennen kannst, ob du es mit einem Manipulator zu tun hast.

- Wir sollten unserem **Bauchgefühl** oder sechsten Sinn viel öfter trauen, denn es weist uns darauf hin, dass etwas nicht stimmt, auch wenn wir noch nicht in Worte fassen können, was passiert. Es kommt aus den Erfahrungen unseres Unterbewusstseins, daher ist es schneller als unser Bewusstsein, und wir sollten dann genauer hinsehen oder hinhören.
- Beobachte, ob es ein **Verhaltensmuster** bei deinem Gegenüber gibt. Wenn du schon voraussagen kannst, wie jemand in bestimmten Situationen reagieren wird, hast du es möglicherweise mit einem Manipulator zu tun.
- Achte auf das Benehmen des anderen: Wenn du manipuliert wirst, haben **deine Rechte und Interessen** keine Bedeutung für den Manipulator. Der Manipulator scheint deinen Gesichtspunkt nicht zu verstehen. Er hat nur die eigenen Interessen im Sinn.
- Ein Manipulator braucht ständig **Aufmerksamkeit**. Achte darauf, wie er sich anderen gegenüber verhält. Wenn er zum

Beispiel zu seinen Angestellten oder dem Kellner unhöflich und grob ist, solltest du vorsichtig sein, auch wenn er zu dir freundlich ist. Auf der anderen Seite kann er aber auch, wenn er ein Mann ist, überfreundlich zu der Verkäuferin sein und sogar mit ihr oder jeder anderen Frau, die er sieht, flirten, und es stört ihn auch nicht, dass du dabei bist.

- Achte darauf, ob seine **Freundlichkeit echt** ist. Er kann nett und zuvorkommend sein, wenn du tust, was er will, aber die Hölle ist los, wenn es nicht so ist. Du hast bei ihm immer das Gefühl, es mit einer zwiegespaltenen Persönlichkeit zu tun zu haben, die du wie ein rohes Ei behandeln musst.
- Achte darauf, ob du dich **unfähig oder verurteilt fühlst**. Wenn nichts, was du tust, richtig ist, und du, statt konstruktive Kritik zu bekommen, nur herunter gemacht wirst, zum Beispiel durch Sarkasmus, dann solltest du vorsichtig sein.
- Achte auch darauf, ob du ständig das Gefühl hast, **dich entschuldigen zu müssen**, weil der Manipulator dir die Schuld für alles gibt oder alles missinterpretiert.
- Beobachte, ob die andere Person dich immer **mit Dritten vergleicht**. Damit versucht der Manipulator, dich unter Druck zu setzen, damit du das tust, was er will.
- Für den Manipulator sind alle Dinge schwarz oder weiß. Es gibt keinen Mittelweg oder Kompromiss. Und **nur seine Denkweise ist akzeptabel**. Wenn du sie nicht akzeptierst, spielt er den Beleidigten.
- Der Manipulator bittet um **Hilfe**, aber benutzt deine Versuche, ihn zu unterstützen nur, um dich dann zu kritisieren. Er gebraucht keine Hilfe, sondern will dich manipulieren.
- Er nutzt deine **Gutmütigkeit** ohne Hemmungen aus, es fehlt aber die Reziprozität von seiner Seite.

C. Wie kann man Manipulation abwehren?

Was kann man also im Allgemeinen tun, um Manipulation abzuwehren?

Das Wichtigste ist zunächst einmal, zu erkennen, dass man manipuliert wird. Denn oft ist das, vor allem am Anfang, gar nicht so klar. Dazu musst du die gebräuchlichsten Manipulationstechniken kennen. Ich habe sie dir daher bereits oben im Detail beschrieben. Wenn du sie kennst, kannst du die passenden Gegenmaßnahmen einsetzen.

Wie man es vermeiden kann, von anderen Menschen manipuliert zu werden

Wer anderen gefällig sein will, riskiert oft, dafür von Menschen mit weniger Skrupeln ausgenutzt zu werden. Es ist eine Kunst, zu erkennen, wann man manipuliert wird, d. h., wann die Personen weitergehen als nur deine gut gemeinte Hilfe zu akzeptieren, sondern sie auch noch für ihre Zwecke regelrecht auszunutzen, sei es, um finanzielle, emotionale, private und intime, aber auch jede andere Art von Vorteilen zu bekommen. Um nicht so manipuliert zu werden, solltest du also vernünftig und bereit sein, notfalls diejenigen Personen aus deinem Leben zu entlassen, die dich nur weiterhin ausnutzen wollen.

Daher gebe ich dir folgende Ratschläge, damit deine Integrität keinen Schaden nimmt:

Schritte

1. **Hab den Mut, hinter deinen eigenen Überzeugungen zu stehen.**

   Wenn du im Leben Angst hast, deine eigene Meinung zu sagen und dich für das einzusetzen, was dir wichtig ist, um nicht einige Freunde zu verlieren oder Familienmitglieder zu verärgern, dann existiert das Risiko, dass du manipuliert wirst. Du gibst mit diesem Benehmen sozusagen anderen die Erlaubnis, dich nach ihren Regeln zu formen und auszunutzen.

   Hab Vertrauen in die Person, die du bist, und deren Meinungen, Interessen und Wünsche wichtig sind, und steh zu ihnen. Das heißt nicht, dass du nicht mehr auf andere hören sollst oder von ihnen lernen kannst, aber es sollte nicht auf deine Kosten gehen.

   Es ist nicht akzeptabel, dass du von jemand angeschrien, beschimpft oder bedroht wirst. In diesem Falle solltest du der anderen Person sagen, dass ihr das Gespräch vertagen solltet, bis diese Person ihr Temperament wieder unter Kontrolle hat.

2. **Lerne, Nein zu sagen.**

   Ein Manipulator wird dich solange weiter manipulieren, bis du Nein sagst. Falls es dir schwer fällt, Nein zu sagen, stelle dich vor den Spiegel und übe es. Sage es solange vor dem Spiegel, bis es ganz natürlich klingt: „Nein, ich werde das nicht tun." – „Nein, ich kann dir dabei nicht helfen." Du kannst es auch höflicher sagen, wie zum Beispiel: „Nett, dass du fragst, aber nein." Oder: „Ich würde dir ja gerne helfen, aber ich bin im Moment zu beschäftigt." Du musst dafür keine Schuldgefühle haben.

3. **Setze Grenzen.**

   Ein Manipulator wird immer versuchen, dich weiterhin zu benutzen. Du bist der- oder diejenige, die ihn aus all seinem existenziellen Elend befreien kann. Das kann emotionaler, finanzieller oder jedweder anderen Form sein. Du musst dieses Spiel nicht mitmachen. Sage ihm ganz klar, dass es noch andere Menschen auf der Welt gibt, die ihm helfen können.

4. **Sei dir bewusst, dass Beziehungen nicht so schnell in die Brüche gehen, wie du glaubst.**

   Im täglichen Leben werden die meisten Menschen nicht gleich den Kontakt zu dir komplett abbrechen, nur weil du dich nicht manipulieren lässt. Und wenn dem so wäre, wäre das sicher auch kein großer Verlust.

   Vielmehr versuchen manche Menschen, in Beziehungen die Waage zu ihrer Seite ausschlagen zu lassen, indem sie die Angst verwenden, um andere zu kontrollieren. Das ist aber so echt wie eine Seifenblase, in die du stechen kannst. Wenn das dein Fall ist, gibt es viele angenehmere Menschen auf dieser Welt, die dich gerne als Freund oder Partner haben würden, ohne dich dafür manipulieren zu wollen.

5. **Vermeide Schuldgefühle.**

   Der Manipulator wird versuchen, dich als Schuldigen hinzustellen. Vergiss nicht, dass du nicht das Problem bist, sondern er. Wenn du dich schlecht fühlst, erinnere dich, was passiert. Frage dich dann, ob du vom anderen respektvoll behandelt wirst und wie du dich in der Beziehung fühlst. Wenn dieses keine positiven Gefühle sind, hast du es mit ziemlicher Sicherheit mit einem Manipulator zu tun. Du kannst dann zum Beispiel so antworten: „Natürlich verstehe ich, wie viel du arbeitest. Aber mir scheint, dass du meine Arbeit nicht anerkennst."

   Jeder ist verantwortlich für sich selbst und hat die „Schuld" für das, was ihm passiert. Das bedeutet aber nicht, dass er andere dafür die Verantwortung oder Schuld geben kann.

6. **Behalte die Kontrolle. Setze dich durch.**

Der Manipulator will die Kontrolle auf Biegen und Brechen haben. Lass dich darauf nicht ein. Sei dir bewusst, dass alle seine Taktiken nur der Durchsetzung seiner Ziele dienen.

Wenn er versucht, die Fakten zu seinen Gunsten zu verdrehen, hole ihn mit einfachen Fragen zur Wirklichkeit zurück. Wenn er versucht, dich zu etwas zu bewegen, was du nicht willst, frage ihn, inwiefern dir das nützen sollte. Darauf wird er keine vernünftige Antwort haben.

7. **Lerne, mit deinen eigenen Unsicherheiten umzugehen und die negativen Folgen von früheren Manipulationen auszuheilen.**

   Wenn du ein Kind kontrollierender Eltern warst oder schon eine manipulierende Beziehung hinter dir hast, ist es wahrscheinlicher, dass du auch in Zukunft leichter das Opfer von Manipulationen wirst.

   Es ist wichtig, dass du an diesen Punkten arbeitest, wahrscheinlich zusammen mit einem Fachmann auf dem Gebiet, damit du die Verhaltensmuster erkennst, wie du unter die Kontrolle anderer kommst, und lernst, Grenzen zu setzen.

8. **Finde heraus, was dich im Leben bewegt und was du vom Leben erwartest.**

   Das sind deine Wegweiser im Leben. Es ist unwichtig, ob die anderen Personen um dich herum damit einverstanden sind oder eine andere Meinung haben. Du bist eine eigenständige Person mit ihren individuellen Rechten und Bedürfnissen. Und du sollst so leben, dass du dich wohlfühlst und glücklich bist. Dazu brauchst du nicht die Erlaubnis der anderen, und auch nicht ihre Unterstützung, um das durchzusetzen. Du hast die Kraft, dies in die Tat umzusetzen.

9. **Jeder hat seine Grenzen.**

   Sei dir dessen bewusst und lass es nicht so weit kommen, dass du explodierst. Du wirst dich jedes Mal unwohler und verärgerter fühlen, je mehr die anderen dich ausnutzen. Du kannst auf Dauer nicht eine Marionette der anderen sein. Achte darauf, wie du dich fühlst, und beende das egoistische Benehmen eines Manipulators frühzeitig. Setze ihm Grenzen. Du bist so ebenso wichtig wie der andere.

10. **Steh zu deiner Meinung.**

    Sei stark genug, um zu akzeptieren, dass du mit einem manipulierten Leben nicht zufrieden bist. Niemand, der sagt, er liebt dich oder ist besorgt um dich, aber dich konstant manipuliert, hat Interesse an dir, sondern nur an sich selbst. Wenn du dich bei jemand ständig unwohl oder schuldig fühlst, bedeutet das, dass du kontrollierst wirst. Lebe so wie du willst. Der Manipulator tut das schon seit langem, auf deine Kosten.

11. **Triff keine übereilten Entscheidungen.**

    Ein Manipulator wird versuchen, dich unter Druck zu setzen, damit du dich schnell entscheidest. Tu dies nicht und sage stattdessen: „Ich werde darüber nachdenken." Wenn ein Angebot nur gültig ist, wenn du sofort zugreifst, dann will man wahrscheinlich nicht, dass du es erst von allen Seiten beleuchtest, und du solltest lieber Nein sagen.

12. **Hab gute Freunde und isoliere dich nicht.**

    Lass nicht zu, dass der Manipulator dich von deinen Freunden und Familienangehörigen isoliert. Es ist wichtig und gut, dass du Zeit mit Menschen verbringst, die dich glücklich, sicher und zuversichtlich fühlen lassen[37]. Baue gesunde Beziehungen auf. Es gibt viele Möglichkeiten. Diese Beziehungen helfen dir, das Gleichgewicht im Leben zu behalten und in Zweifelsfällen eine zusätzliche Perspektive zu haben.

13. Erkenne deine Stärken.

Gleich vorweg gesagt, du bist viel stärker, als du glaubst. Und du kannst ein erfülltes Leben ohne Manipulatoren um dich herum haben. Wenn dein Partner, oder wer auch immer der Manipulator ist, bereit ist, sich an dein neues Ich anzupassen, wie gut! Wenn nicht, ist das auch kein Problem. Veränderungen im Leben tun gut, auch wenn sie uns anfänglich etwas Angst machen. Sie durchbrechen die alten Verhaltensmuster, die unseren Fortschritt nur behinderten. Hab Mut dazu!

Wenn du den Manipulator vermeiden kannst, solltest du dieses tun. Wenn dies nicht möglich ist, wie evtl. bei einem Familienangehörigen oder einem Mitarbeiter, halte ihn auf Distanz und minimisiere den Kontakt auf das absolut Notwendige.

14. Deine Sicherheit ist wichtig.

Die meisten Bedrohungen von einem Manipulator sind bloß wildes Geschrei, um sich durchzusetzen und dich zu beeindrucken. Aber wenn du das Gefühl hast, physisch angegriffen zu werden, sollte dies vorzugsweise vor Zeugen geschehen, und du solltest das Weite suchen.

Aber auch deine geistige Integrität ist wichtig. Vermeide emotionale Manipulation so weit wie nur eben möglich.

Teil IV. Der Manipulator unter der Lupe

Schwachstellen, die Manipulatoren bei den Personen ausnutzen

Hier noch einmal zusammengefasst die Schwachpunkte der Personen, die Manipulatoren für ihre Zwecke ausnutzen[38],[38],[39].

Manipulatoren nehmen sich normalerweise die Zeit, um diese Eigenschaften und Auslöser bei ihren Opfern herauszufinden und suchen sich dementsprechend ihre Opfer aus.

- **Naivität:** Die manipulierte Person kann nicht akzeptieren, dass es unehrliche, hinterlistige und rücksichtslose Menschen gibt, die andere Menschen ausnutzen, oder dass sie das Opfer dieser Personen werden kann.
- **Unreife:** Das Opfer hat ein nicht ausreichendes Urteilsvermögen und glaubt deshalb zum Beispiel an übertriebene Werbeaussagen.
- **Es anderen immer recht machen wollen:** Diese Menschen brauchen die Zustimmung und Akzeptanz anderer.
- **Emotophobie:** Die Angst vor negativen Gefühlen wie Wut, Frustration und Ablehnung.
- **Vertrauen:** Menschen, die ehrlich sind, glauben oft, dass auch der Rest der Menschheit ehrlich sein muss. Sie vertrauen oft anderen, ohne sie genauer zu kennen.
- **Leicht beeindruckbar:** Diese Menschen lassen sich leicht von Charmeuren verführen. Sie wählen zum Beispiel einen Präsidenten, der sich mit Kindern und alten Leuten zeigt.

- **Schlechtes Selbstwertgefühl und niedriges Selbstvertrauen:** Durch das schlechte Selbstwertgefühl entstehen Schuldgefühle und die Menschen sind verwundbarer. Das fehlende Selbstvertrauen führt zu Selbstzweifeln und lässt sie in die Defensive gehen.
- **Durchsetzungsvermögen:** Fehlendes Durchsetzungsvermögen und die Fähigkeit, Nein zu sagen. Es gibt auch Probleme, persönlich Grenzen zu setzen.
- **Externale Kontrollüberzeugung:** Der Begriff Kontrollüberzeugung aus der Psychologie erklärt, ob wir verstehen, dass wir Kontrolle über die Dinge haben, die uns zustoßen, oder nicht. Bei externaler Kontrolle gehen wir davon aus, dass die Dinge, die uns beeinflussen, nicht von uns kontrollierbar sind.
- **Eigenständigkeit:** geringe Selbständigkeit.
- **Abhängigkeit:** Die emotionale Abhängigkeit macht Personen unterwürfiger und anfälliger für die Manipulation. Das Opfer muss geliebt werden und ist deshalb eher bereit, Ja statt Nein zu sagen.
- **Über-Intellektualisierung:** Das Opfer versucht, den Manipulator zu verstehen und glaubt daher, er hat einen triftigen Grund für sein Handeln.
- **Impulsivität:** Sehr impulsive Menschen treffen Entscheidungen sehr schnell, was sie kaufen oder tun wollen, wen sie heiraten, und nehmen sich nicht die Zeit, diese Entscheidungen vorher zu analysieren.
- **Unbedachtsamkeit:** Ähnliches gilt für unvorsichtige Menschen, die nicht über die Folgen ihres Handels nachdenken.
- **Das Alter:** Ältere Menschen und Kinder können leichter beeinflusst werden. Die älteren Menschen vertrauen leichter Werbeslogans und anderen Menschen, die ihnen von Schnäppchen oder ihrem Pech im Leben erzählen. Besonders ältere Menschen, die abhängig sind, werden leicht durch Themen wie Angst, Krankheit, Abhängigkeit und Tod eingefangen.

- **Materialismus.** Materialistische Personen sind eine leichte Beute für Kredithaie und Programme, um schnell reich zu werden.
- **Habgier:** Habgierige Personen sind leicht durch Bestechung und Korruption einzufangen.
- **Sparsamkeit:** Sparsamen Menschen fällt es schwer, ein Schnäppchen abzulehnen, auch wenn sie wissen, warum es so günstig ist.
- **Einsamkeit:** Menschen, die sich einsam fühlen, sind meist bereit, jeglichen menschlichen Kontakt zu akzeptieren. Psychopathen nutzen dies für ihre Zwecke aus.
- **Depressionen:** Depressive Menschen sind anfälliger für Manipulation. Des Weiteren kann die Depression selbst das Resultat einer emotionalen, vorherigen Manipulation sein. Ein Kreislauf also.
- **Schock und Trauma:** Schocks und Traumas sind Situationen, die durch den Verlust einer wichtigen Person (Tod, Trennung, etc.), Arbeitsverlust, Exil, Krieg, Gefängnis, Vergewaltigung, schwere Krankheiten, etc. verursacht werden. Personen, die so eine Situation durchmachen, sind leichter zu manipulieren.
- **Schizophrenie:** Menschen mit diesem Leiden sind leichte Opfer von Manipulatoren.
- **Narzissten:** Narzissten sind leicht das Opfer von unverdienten Schmeicheleien.
- **Masochisten:** Ihnen fehlt Selbstachtung. Dadurch sind sie leichter zu manipulieren, denn sie glauben, dieses manipulative Verhalten akzeptieren zu müssen.
- **Drogen und andere Substanzen:** Drogen, Alkohol, einige Medikamente und andere Substanzen können bewirken, dass das Bewusstsein nicht so klar wie normalerweise ist und die Personen während der Zeit der Wirkung leichter manipuliert werden können.
- **Ergebenheit, Fanatismus:** Menschen, die Fanatismus oder einen speziellen Faible für eine Person, Gruppe oder Sekte zeigen, sind leicht von ihr beeinflussbar.

- **Suggestion:** Die Werbung, die Massenmedien, Filme und Nachrichten können vor allem leicht beeinflussbaren Menschen eine andere Realität suggerieren als die wirklich existierende. Subliminale Nachrichten können dabei sogar entgegen den Interessen der Opfer akzeptiert werden.

Interessanterweise sind das Studienniveau und eine gute soziale Position keine Garantie, manipuliert zu werden, wie häufig angenommen wird.

Was macht einen erfolgreichen Manipulator aus?

Gem. dem Autor und Spezialisten auf dem Gebiet, George K. Simon, hat ein erfolgreicher Manipulator einige grundlegende Eigenschaften, die ihm den gewünschten Erfolg verschaffen[39**Error! Reference source not found.**]:

- Er ist in der Lage, Freundlichkeit vorzuschützen und seine aggressiven Absichten und Charakterzüge zu verbergen.
- Er kennt die emotionalen und geistigen Schwachstellen seines Opfers und weiß daher, welche Taktiken die effektivsten sein werden.
- Er hat keine Hemmungen, rücksichtslos zu sein und sein Opfer zu schädigen.

Warum ist bzw. wird jemand Manipulator?

Ohne Mitleid für einen Manipulator erwecken zu wollen, ist es interessant, zu wissen, wie solch ein Mensch dazu wird.

Was ist ein Manipulator?

Im Großen und Ganzen kann man zwei Arten von Manipulatoren unterscheiden[41]:

- Die, die sich einbilden, etwas Besonderes zu sein, in Wirklichkeit aber wissen, dass sie ein Reinfall sind. Sie wollen jedoch, koste es, was es wolle, bewundert werden. Also machen sie ihre Show.
- Die anderen sind diejenigen, die sich nicht wichtig **fühlen**, sondern überzeugt sind, dass sie es **sind**. Sie halten sich für etwas Besonderes und überlegen gegenüber anderen Menschen. Daher glauben sie, das Recht zu haben, zu tun, was sie wollen.

In beiden Fällen sind es Individuen mit Charakterstörungen, die sich darauf spezialisiert haben, andere zu ihrem eigenen Vorteil schamlos auszubeuten, und ernsthafte Probleme mit der Empathie haben.

Diese Narzissten sind hochmütig und herablassend, grausame und verächtliche Menschen. Sie suchen ständig nach Anerkennung und Bestätigung von außen, um ihr Ego jedes Mal von neuem zu stärken.

Jemand, der immer diese Bestätigung von außen braucht, ist innerlich eine leere Person. Er wird sich seine Anerkennung immer wieder und egal von wem besorgen, um sich bestätigt zu fühlen.

Der typische Manipulator ist ein Psychopath, Soziopath oder Narzisst, der evtl. sogar auf den ersten Blick sympathisch erscheinen mag. Davon zu unterscheiden sind die Menschen, die Manipulation nur ab und zu in ihrem Leben verwenden, um etwas zu erreichen oder zu bekommen, und wozu wir wahrscheinlich alle gehören.

Bei einem echten Manipulator handelt es sich normalerweise um eine Person mit einer gestörten Persönlichkeit, wobei die Ursachen häufig in der Kindheit oder Erziehung des Manipulators zu finden sind. Zum Beispiel kann dies sein, weil er als Kind von seinen Eltern oder

Erziehern ebenfalls manipuliert wurde. Das manipulative Verhaltensmuster findet sich oft wiederholt im familiären oder sozio-professionellen Umfeld, denn wir kopieren viele Verhaltensmuster von den Menschen, mit denen wir in engerem Kontakt sind.

Was motiviert Manipulatoren?

Menschen haben verschiedene Beweggründe, Manipulatoren zu sein, u. a. können es die folgenden sein:

- ein starkes Bedürfnis, in Beziehungen zu anderen ein Gefühl der **Macht und Überlegenheit** zu erlangen
- der Wunsch, ein Gefühl der Macht über andere zu bekommen, um ihr **Selbstwertgefühl** zu steigern
- das Bedürfnis, zu fühlen, die **Kontrolle** zu haben
- die Notwendigkeit, ihre **eigenen Zwecke und persönlichen Gewinn** auf jedwede Kosten anderer anwachsen zu lassen
- mit kriminellen oder anderen **Hintergedanken**, wie zum Beispiel bei der finanziellen Manipulation, um die Besitztümer anderer, schutzloser Personen zu erlangen
- sich in ihrer Umgebung zu langweilen oder zu ermüden. Sie machen Manipulation eher als ein **Spiel** als aus anderen Gründen.

Kann man aufhören, ein Manipulator zu sein, d. h. sich wirklich ändern?

Verhaltensmuster, die seit der Kindheit ein fester Bestandteil von uns sind, sind schwer zu ändern, aber es ist nicht unmöglich. Aber es kann sehr lange dauern. Und dazu müsste ein Manipulator einen gewissen Grad an Empathie haben, die ein Psychopath normalerweise nicht hat.

Denn um sich zu ändern, müsste er sich fragen, was der andere fühlt, wenn er manipuliert wird. Er müsste eine offene und ehrliche Person werden und akzeptieren, dass andere ihn eventuell nicht unterstützen wollen, wozu er sie mit der Manipulation zwingen will.

Daher sollte man vielleicht die Frage anders formulieren. Will ein echter Manipulator sich überhaupt ändern? Normalerweise nicht, denn als eine gestörte Persönlichkeit kann er das wahrscheinlich gar nicht. Und es ist auch nicht attraktiv für ihn, denn die Manipulation ist sein Lebensinhalt.

Wahrscheinlich ist daher schon ein sehr triftiger Grund erforderlich, damit sich ein Manipulator ändert. Aber möglicherweise wird er dir versprechen, alles zu ändern, damit du ihn nicht verlässt.

Teil V: Die Folgen von Manipulation

Wenn eine andere Person dich manipuliert, wird das auf Dauer negative Auswirkungen auf deine psychische Gesundheit haben, Angstzustände verstärken und letztendlich zu Depressionen führen. Beziehungen, in denen Manipulation gebraucht werden, können nie gesunde und positive Beziehungen sein, und du wirst dich in ihnen nicht sicher fühlen.

Daher ist es wichtig, die Anzeichen von Manipulation rechtzeitig zu erkennen, da sie oft sehr subtil sind, denn die Gefühle, an die sie sich richten, finden meist unter der Bewusstseinsebene statt. Dies ist der erste Schritt, sich von der Manipulation zu distanzieren.

Manipulation in Beziehungen

Eine gesunde Beziehung erlaubt es beiden Seiten, sich frei und ohne Repressalien auszudrücken. Wenn dies möglich ist, wird es normalerweise eine langandauernde und gute Bindung. Nicht jeden Tag ist alles perfekt und ausgewogen, aber auf Dauer stimmt die Bilanz.

Wenn der eine Probleme hat, ist der andere da, um ihn anzuhören und zu unterstützen, und umgekehrt. Es existiert gegenseitiger Respekt und die persönlichen Grenzen, Fehler und Schwachpunkte werden akzeptiert.

Bei einer Diskussion kann es passieren, dass beide jeweils den anderen von ihrem Gesichtspunkt überzeugen wollen. Das Ergebnis kann sein, dass beide bei ihrem Standpunkt bleiben oder einer sich vom anderen überzeugen lässt.

Aber dies geschieht in einer gesunden Beziehung immer aus eigener Entscheidung und Überzeugung heraus und nicht, weil man sich dazu gezwungen fühlt oder Angst vor den Konsequenzen hat, wenn man es nicht tut.

Die Manipulation zerstört diese harmonische Beziehung zwischen zwei Personen. Ein Benehmen, das auf Schuld- oder Angstgefühlen basiert, ist kein authentisches Handeln. Welcher geistig gesunde Mensch wäre glücklich, von jemand geliebt oder geschätzt zu werden, weil der andere Angst hat, es nicht zu tun???

Wahrscheinlich haben wir alle schon einmal versucht, einen Freund oder Partner gegen seinen Willen zu überzeugen, haben Notlügen gebraucht oder ähnliche Strategien verwendet, aber es ist nicht unser übliches Vorgehen. Und nachher tut es uns leid und wir entschuldigen uns.

Wie Manipulation sich auf unsere geistige Gesundheit auswirkt

Die Opfer von Manipulation fühlen sich klein und machtlos. Und sie fühlen sich nicht nur so, sie glauben auf Dauer auch, dass sie es sind. Ihr Selbstwertgefühl und Selbstbewusstsein wird minimisiert.

Dadurch erhält der Manipulator plötzlich sehr viel Macht, und dabei ist es egal, ob sie sich dessen bewusst sind oder nicht. Sie merken, dass sie so bekommen, was sie wollen, und dass das Spiel funktioniert. Sie glauben plötzlich, dass dies der richtige Weg ist und dass sie das Recht haben, Macht über andere zu haben. Sie fühlen sich übermenschlich.

Die ersten Anzeichen beim Opfer sind Stress und Angstzustände. Es wartet schon auf den nächsten Angriff des Manipulators. Jede neue Manipulation erhöht den Grad des Stresses und der Angstzustände nur noch. Das Opfer weiß schon, dass es mit verschiedenen Strafen, Misshandlungen oder Erniedrigungen rechnen muss. Die emotionale

Manipulation hat einen ähnlichen Effekt wie physische Angriffe, ist auf Dauer aber schlimmer.

Der nächste Schritt ist, dass das Opfer sich depressiv fühlt, da es sich machtlos fühlt. Der Manipulator stellt Fehler und Schwachstellen seines Opfers bloß und dessen Selbstwertgefühl wird dadurch jedes Mal stärker geschmälert. Einige Opfer von Manipulationen glauben auch, dass der Manipulator mit seinen Aussagen Recht hat.

Beende das Spiel des Manipulators!

Auf Dauer geht so jede Beziehung kaputt. Wenn du merkst, dass du in so einer Beziehung steckst, unternimm bitte etwas, um diese Abwärtsspirale zu stoppen. Im Notfall solltest du dich vom Manipulator distanzieren. Dein Wohlbefinden und deine psychische Gesundheit sind sehr wichtig und sicher wichtiger als solch eine krankhafte Beziehung. Du kannst den anderen nicht ändern (und hast auch nicht das Recht dazu), aber du musst sein Benehmen nicht akzeptieren.

Es kann sein, dass du dazu die Unterstützung eines Beraters brauchst, da du dich vielleicht emotionell an die manipulative Person gebunden fühlst und es dir schwerfällt, alleine aus dieser Beziehung herauszukommen, vor allem, wenn du unter Depressionen leidest. Besprich mit dem Berater das Problem und analysiert zusammen, ob es eine Rettung für die Beziehung gibt. Je länger du dem anderen erlaubst, dich zu manipulieren, desto mehr gibst du von dir selbst auf.

Bedenke, dass der Manipulator sein Spiel freiwillig nie aufgeben wird. Er glaubt, ein Recht dazu zu haben, und benötigt die Kontrolle über andere Personen, um sein fehlendes Selbstvertrauen zu kompensieren. Es interessiert ihn auch nicht im Geringsten, wie die anderen sich fühlen.

Fazit

Je mehr wir über Manipulation wissen, desto leichter fällt es uns, uns aus den Klauen eines Manipulators zu befreien. Manipulatoren versuchen, die Kontrolle über uns zu erlangen und unseren Selbstwert zu minimisieren. Wenn du die Vorgehensweise des Psychopathen verstehst und weißt, wie du dagegen angehen kannst, hast du schon einen großen Teil des Spiels gewonnen, egal ob es nun Fremde, Familienmitglieder, Freunde, dein Partner oder dein Chef sind.

Ich hoffe, du hast die Information nützlich und hilfreich gefunden und sie hilft dir in deinem täglichen Leben weiter.

Literaturverzeichnis

1. *Manipulation*. In: *Brockhaus Conversations-Lexikon*. Band 3. Im Kunst- und Industrie-Comptoir, Amsterdam/Leipzig 1809, S. 53 (zeno.org)
2. *Manipulation*. In: *Meyers Großes Konversations-Lexikon*. Band 13. Bibliographisches Institut, Leipzig/Wien 1908, S. 227 (zeno.org)
3. *Das deutsche Wörterbuch*. Knaur, 1985, S. 643
4. Niccolò Machiavelli. Wikipedia de. https://de.wikipedia.org/wiki/Niccol%C3%B2_Machiavelli
5. Stauber, John and Sheldon Rampton. "Book Review: *The Father of Spin: Edward L. Bernays & The Birth of PR* by Larry Tye." Archived 2008-11-21 at the Wayback Machine. *PR Watch* (Second Quarter 1999). Vol. 6, No. 2.
6. Mark Murphy, Forbes. Which of These 4 Communication Styles Are You? https://www.forbes.com/sites/markmurphy/2015/08/06/which-of-these-4-communication-styles-are-you/#148575103adb
7. Universität Oldenburg. Germanistik Kommprojekt. www.germanistik-kommprojekt.uni-oldenburg.de/sites/1/1_08.htm
8. Kommunikationsstile nach Schulz von Thun. Wikipedia de. https://de.wikipedia.org/wiki/Kommunikationsstile_nach_Schulz_von_Thun
9. UK Violence and Prevention Center. The Four Basic Styles of Communication. www.uky.edu/hr/sites/www.uky.edu.hr/files/wellness/images/Conf14_FourCommStyles.pdf
10. Habitus (Soziologie). Wikipedia de. https://de.wikipedia.org/wiki/Habitus (Soziologie)

11. Körperhaltung. Wikipedia de. https://de.wikipedia.org/wiki/K%C3%B6rperhaltung
12. Gestik. Wikipedia de: https://de.wikipedia.org/wiki/Gestik
13. Mimik. Wikipedia de: https://de.wikipedia.org/wiki/Mimik
14. Albert Mehrabian: *Silent Messages.* 1. Auflage. Wadsworth, Belmont, CA 1971, ISBN 0-534-00910-7
15. Freedman, J. L.; Fraser, S. C. (1966). "Compliance without pressure: The foot-in-the-door technique". *Journal of Personality and Social Psychology.* **4** (2): 195–202. doi:10.1037/h0023552
16. Changing Minds. Changingminds.org
17. Cialdini, R.B.; Vincent, J.E.; Lewis, S.K.; Catalan, J.; Wheeler, D.; Darby, B. L. (1975). "Reciprocal concessions procedure for inducing compliance: the door-in-the-face technique". *Journal of Personality and Social Psychology.* **31**: 206–215. doi:10.1037/h0076284
18. Perloff, R. M. (2010). *The dynamics of persuasion: Communication and attitudes in the 21st century* (4th ed.). New York: Routledge. ISBN 9780415805681
19. *Pascual, A.; Guéguen, N. (2005). "Foot-in-the-door and door-in-the-face: A comparative meta-analytic study". Psychological Reports.* ***96****: 122–128. doi:10.2466/PR0.96.1.122-128*
20. Dolinski, D. (2011). "A rock or a hard place: The foot-in-the-face technique for inducing compliance without pressure". *Journal of Applied Social Psychology.* **41** (6): 1514–1537. doi:10.1111/j.1559-1816.2011.00758.x
21. Fritz Strack, Leonard L. Martin, Norbert Schwarz: *Priming and Communication: The Social Determinants of Information Use in Judgments of Life Satisfaction.* In: *European Journal of Social Psychology.* Band 5, Nr. 18, 1988, S. 429–442., zit. n. Daniel Kahneman: *Thinking, fast and slow.* Allen Lane Paperback, ISBN 978-1-84614-606-0, S. 101 f.
22. How to Manipulate Peope into Saying Yes. https://www.npr.org/2012/07/24/157271465/how-to-manipulate-people-into-saying-yes

23. Hall, L. Michael; Belnap, Barbara P. (2000) [1999]. *The Sourcebook Of Magic: A Comprehensive Guide To The Technology Of NLP* (1st ed.). Wales: Crown House Publishing Limited. pp. 39–40. ISBN 1-899836-22-5. #2 Pacing Or Matching Another's Model Of The World
24. Bandler, R., Grinder, J. (1979). *Frogs into Princes: Neuro Linguistic Programming*. Moab, UT: Real People Press. pp. 149 (p.8 (quote), pp. 15, 24, 30, 45, 52). ISBN 0-911226-19-2
25. Good Therapy. Hoover Maneuver the Dirty Secret of Emotional Abuse. https://www.goodtherapy.org/blog/hoover-maneuver-the-dirty-secret-of-emotional-abuse-0219154
26. Rhetorik. Knill +Knill Kommunikationsberatung. Killerphrasen. http://www.rhetorik.ch/Killer/Killer.html
27. Shahida Arabi. THOUGHT CATALOG. 3 Powerful Ways to Heal From the Toxic Triangulation of Narcissists. https://thoughtcatalog.com/shahida-arabi/2017/05/3-powerful-ways-to-heal-from-the-toxic-triangulation-of-narcissists/
28. Logically Fallacious. Moving the Goalposts. https://www.logicallyfallacious.com/tools/lp/Bo/LogicalFallacies/129/Moving_the_Goalposts
29. Welt. Wie bewusste Manipulation der Realität Menschen krank macht. https://www.welt.de/wissenschaft/article161777142/Wie-bewusste-Manipulation-der-Realitaet-Menschen-krank-macht.html
30. Dr. Bärbel Wardetzki. Gaslighting. http://baerbel-wardetzki.de/wp-content/uploads/2017/01/Gaslighting.pdf
31. Beziehungsweise. Das Online-Magazin für mehr Liebe. Love Bombing: „Liebe“ als Mittel der emotionalen Manipulation. https://www.beziehungsweise-magazin.de/ratgeber/partnerschaft-beziehung/love-bombing-liebe-als-mittel-der-emotionalen-manipulation/

32. Shahida Arabi. Self Care Haven for Survivors. Dating Emotional Predators: Signs to Look out For. https://selfcarehaven.wordpress.com/2014/08/29/dating-emotional-predators-signs-to-look-out-for/
33. Linda Martinez. The Narcissist in Your Life. Narcissist's Projections Are Psychologically Abusive. http://thenarcissistinyourlife.com/narcissists-projections-are-psychologically-abusive/
34. Verstärkung (Psychologie). Wikipedia de. https://de.wikipedia.org/wiki/Verst%C3%A4rkung_(Psychologie)
35. VERBAL ABUSE JOURNALS. Verbal Abuse Disguised as a Joke. https://verbalabusejournals.com/about-abuse/what-is-verbal-abuse/examples-of-verbal-abuse/abuse-disguised-joke/
36. LEARNING MIND. 3 Reasons Sarcastic Peopel Are More Intelligent, Backed by Science. https://www.learning-mind.com/sarcastic-people-intelligent/
37. Gedankenwelt. Sperr dich nicht ein, geh aus dir heraus. https://gedankenwelt.de/sperr-dich-nicht-ein-geh-aus-dir-heraus/
38. Braiker, Harriet B. (2004). *Who's Pulling Your Strings ? How to Break The Cycle of Manipulation*. ISBN 978-0-07-144672-3
39. Simon, George K (1996). *In Sheep's Clothing: Understanding and Dealing with Manipulative People*. ISBN 978-1-935166-30-6
40. Kantor, Martin (2006). *The Psychopathology of Everyday Life: How Antisocial Personality Disorder Affects All of Us*. ISBN 978-0-275-98798-5
41. Dr. George Simon. Characters Who Use and Abuse. https://www.drgeorgesimon.com/characters-use-abuse/

Lieber Leser,

Ich hoffe, dieser Ratgeber hat dir gefallen und ich konnte dich bei deiner persönlichen Entwicklung unterstützen! Solltest du zusätzliche Informationen benötigen, besorge dir weitere Fachliteratur zu diesem Thema. Ansonsten wünsche ich mir, dir einen tollen Einblick in das Thema „Manipulationstechniken" ermöglicht zu haben!

Dein Samuel Pabst

Kontakt: Patrick Ziegler/Flurstraße 33/71522 Backnang
Covergestaltung: Germancreative
Coverfoto: depositphotos

45963220R00069

Printed in Poland
by Amazon Fulfillment
Poland Sp. z o.o., Wrocław